体育教学方法改革与创新研究

蒋　巍　徐耀铎　姬晶晶 ◎著

吉林出版集团股份有限公司
全国百佳图书出版单位

图书在版编目（CIP）数据

体育教学方法改革与创新研究 / 蒋巍, 徐耀铎, 姬晶晶著. -- 长春 : 吉林出版集团股份有限公司, 2022.11

ISBN 978-7-5731-2722-8

Ⅰ.①体… Ⅱ.①蒋… ②徐… ③姬… Ⅲ.①体育教学—教学研究—高等学校 Ⅳ.①G807.4

中国国家版本馆CIP数据核字(2023)第029837号

体育教学方法改革与创新研究
TIYU JIAOYU FANGFA GAIGE YU CHUANGXIN YANJIU

著　者	蒋　巍　徐耀铎　姬晶晶
出 版 人	吴　强
责任编辑	马　刚
助理编辑	张晓鹭
开　本	787 mm × 1092 mm　1/16
印　张	10.5
字　数	200千字
版　次	2022年11月第1版
印　次	2023年8月第1次印刷
出　版	吉林出版集团股份有限公司
发　行	吉林音像出版社有限责任公司
	（吉林省长春市南关区福祉大路5788号）
电　话	0431-81629679
印　刷	吉林省信诚印刷有限公司

ISBN 978-7-5731-2722-8　　定　价　66.00元

如发现印装质量问题，影响阅读，请与出版社联系调换。

前　言

方法是人们用来达到一定目的的手段、途径和方式，是在某一个领域的行为方式。体育教学方法研究就是专门研究体育方法及其实际应用问题的一门学科，是从科学的高度对体育方法进行搜集、整理、概括、总结、提炼以实现体育方法系统化和科学化。应用体育运动及其手段去增强体质与完善身心的方法，是在深入研究各分支学科专门方法的基础上，剖析各自的特点、结构和功能而形成的。

基于此，本书以"体育教学方法改革与创新研究"为选题，在内容编排上共设置七章第一章是体育教学导论，内容包括体育教学的目标与内容、体育教学的过程与规律、体育教学的角色及其关系辨析；第二章对传统体育教学的主要方法、体育教学方法的选择与优化、体育教学改革发展策略进行全面分析；第三章基于体育教学方法的改革视角，探究健康体育视角下体育教学改革走向、终身体育视角下体育教学改革与发展；第四章探讨微课教学的基本类型与特征、体育教学中微课运用要点与优势、体育微课教学设计构建与提升策略；第五章解读慕课教学的基本类型与特征、体育教学中慕课运用要点与优势、体育慕课教学交互设计与运行策略；第六章围绕翻转课堂教学的产生与特征、体育教学中翻转课堂的应用理论、体育翻转课堂导案的理论分析与设计展开论述；第七章研究基于创业教育理论的体育教学方法、基于创新教育理念的体育教学方法。

本书内容丰富，语言简洁，逻辑清晰，注重章节之间的逻辑性、连贯性等，从而确保内容的完整性和系统性，力争系统地反映体育教学方法与创新的整体知识结构，有助于读者更好地理解与应用。

笔者在撰写本书的过程中，得到了许多专家学者的帮助和指导，在此表示诚挚的谢意。由于笔者水平有限，加之时间仓促，书中所涉及的内容难免有疏漏之处，希望各位读者多提宝贵意见，以便笔者进一步修改，使之更加完善。

目　录

第一章　体育教学导论

第一节　体育教学的目标与内容

一、体育教学的目标

（一）体育教学目标的特征

体育教学目标是指在一定时间和范围内，师生经过共同努力所要达到教学结果的标准、规格或状态。它是体育教学的出发点和归宿，并决定着体育教学的方向。这是教师的教和学生的学共同努力的目标，即对教师来说是教授的目标，对学生来讲是学习的目标。体育教学目标更多地体现于体育教学活动主题的要求，具有一定的客观性和自主性，在实际体育教学活动中可以根据实际需要进行适当的调整和变动。

体育教学目标具有两个主要特征：一是能详细说明目标的内容，即说明做什么和如何做（知识、方法等）；二是须用特定的术语描述教学后学生都能做以前不能做的事情，即教学后所要达到的结果。

（二）体育教学目标的内容

依据学校体育的总目标，可将体育教学目标的内容划分为以下三个方面：

1.掌握体育卫生保健知识和体育技术、技能方面的目标。

2.懂得锻炼身体，增强体质，促进健康方面的目标。

3.培养良好思想品德教育方面的目标。

在体育教学实践中，处于不同阶段、不同时期、不同教学内容的教学时，教学目标可有所侧重。

（三）体育教学目标的意义

体育教学目标不仅是体育教学活动的预期结果，还是体育教学活动的调节者。体育教学目标一经确立，就会对体育教学活动产生积极的影响。合理制订体育教学目标对于实现体育课程的本质功能，完成人们对体育教育的价值期待是非常重要的。合理地制订体育教学目标的意义主要表现在以下五个方面。

1. 彰显体育课程的本质功能

体育是作为人的自然属性与社会属性的身心教育，体育课程的本质属性反映了国家对人才体质健康的整体要求。体育课程的本质属性在于人"身心兼修，魂魄并铸"的社会属性的培养。体育课程关于身体的问题不是简单的生物性问题，而是身体的社会性问题。体育课程不仅仅要强化身体、赋予身体能量，更要关注身体的社会情感、行为规范和伦理道德；体育课程研究要立足国情，遵循特定的国家意志，担负起身体教育责任和使命。所以体育课程目标的确定、课程内容的选择与组织等标准问题，绝不是一个技术问题，而要根据国家需要来规定所教的内容，通过课程实施来实现下一代的培养和教育。因此，合理制订体育教学目标是能否彰显体育课程的本质属性和关键所在。

2. 实现体育教学目的的保障

唯有合理制订体育教学目标，才能稳妥地实现体育教学目的。例如，使学生在每节体育课中都能情绪高涨地学习体育知识、技能和方法，积极参加练习与比赛是"运动参与目标"的实现标志；使学生在某个单元内掌握"篮球行进间单手肩上投篮"的运动技能和方法，并增强该项运动技术的安全意识和防范能力，则是"运动技能目标"的实现标志；使学生在某个学年掌握了 1 ~ 2 项运动技能及有关的体育保健知识，自觉锻炼身体，全面发展体能与健身能力，则是"身体健康目标"的实现标志等。可见，因地制宜、切合实际地制订合理的体育教学目标是实现体育教学目的的保障需要。

（1）定位和指导体育教学任务。"目标"这一预期的结果通常是策略性的，并具有灵活性，是可观察、可明确地解释、可测量、可评价的。体育教学目标决定于具体的体育教学任务，而具体的体育教学任务可以支撑体育教学目标的实现。体育教学任务要以体育教学目标为依据，合理的体育教学目标有助于明确体育教学任务。因此，体育教学目标对体育教学任务既具有定位功能又有指导作用。

（2）指引教师的教，激励学生的学。体育教学目标的完成需要教师的教和学生的学两方面共同努力，反映了师生在体育教学中的努力方向和愿望。体育教学目标为教师的体育教学工作明确了预期成果，使他们清楚体育教学工作的努力方向。在体育教学过程中，如果体育教学目标的实现遇到阻力障碍，教师应及时地发现问题，修正体育教学的教法甚至教学内容；同时作为体育学习者，学生应在教师指导下，改进体育学习的学法。

（3）评估体育教学质量，纠正体育教学偏差。体育教学质量评估的主要依据是体育教学目标，评估的形式主要是体育教学评价。教学评价是体育教学的重要环节，体育教学工作状态的优劣，必须通过适时的教学评价才能获得相应的信息，才能了解体育教学目标的实现程度，才能使体育教学过程最优化。从设定的教学目标出发，去检查体育教学工作实现目标的确切程度。通过不断的信息反馈，及时纠正体育教学活动的偏差，使一切教与学的活动都紧紧围绕体育教学目标的实现来进行，以提高教学效能。因此，合理地制订体育教学目标能够有效地评估体育教学质量，并通过体育教学系统的信息反馈，及时纠正体育教学工作的偏差。

二、体育教学的内容

随着基础教育课程与教学改革的深入，体育课程教学内容和教材也相应发生变化。体育教学内容是体育教学系统的核心和基础，是教学过程中"教"与"学"双边活动的中介和载体，体育教学内容是体育教学计划、教学大纲、教材中体现出来的体育与健康的知识和技能体系。深入理解体育教学内容的内涵、特点、分类，把握体育教学内容的分类、选择、加工和设计的原则与方法，是影响从教学目标确定到教学方法、教学评价的体育教学实践的重要环节。

（一）体育教学内容的含义

体育教学内容是伴随着体育教学活动而出现的，由于文化、教育和社会发展的差异，不同时代有不同的体育教学内容，对体育教学内容相关问题的认识也各不相同。通常认为，体育教学内容是教师依据体育教学目标选择出来，并在体育教学中传授给学生的体育与健康知识技能的总和，包括体育基本知识和与运动有关的卫生保健知识、身体锻炼方法和各种运动技能。体育教学内容包括以下两层含义。

1. 体育教学内容有别于一般的教育内容。首先，体育教学内容是依据体育教学目标而选择的，在制订目标时充分考虑了学生身心发展需要、教学实际条件等因素；其次，体育教学内容是以身体活动为基本手段来进行的教育，以身体锻炼、身体练习、运动技术与技能学习和教学比赛等组织形式为主的教学形式，而语文、数学、英语等学科则是通过理性知识传授为主的教育。

2. 体育教学内容也有别于竞技运动的内容。竞技运动中的训练虽然也有育人功能，与体育教学类似，但二者的目的和对运动项目的运用有很大差异：体育教学以培养健康的合格公民为目的，竞技运动以培养高水平运动员和出优异运动成绩为终极目标；体育教学内容需要根据社会发展和教育的要求进行必要的改造、组织和加工，而竞技运动内容不允许进行改造。即使是相同的运动项目，二者对受教育（训练）者在体能发展的水平和动作技能的标准化程度等方面上的要求也迥然不同。

由于体育教学内容在形式、性质和功能上的多样性，使得体育教学内容在选择、加工、组织和教学过程控制中变得更加复杂。

（二）体育教学内容的特点

1. 实践性

体育教学内容以身体锻炼、身体练习、运动技术与技能学习、教学比赛等组织形式为主，身体活动是这些教学内容的共同特征。身体运动的实践性是体育教学内容最突出的特点之一。这里的实践性是指体育教学内容绝大部分都与由骨骼支持的身体运动实践紧密相关，受教育者本人必须亲身参与这种以大肌肉运动为特点的运动时才可能学会这些教学内容。体育教学内容中的知识学习和道德培养，也必须通过运动过程和体育学习情境氛围，通过运动中的本体肌肉感觉和情感体验才能最终获得，这是与其他学科教育内容最根本的区别。

2. 健身性

由于体育教学内容以身体活动为基本手段，体育教学必然会对身体形成一定的运动负荷，因此，在运动方法和运动负荷合理的情况下，体育学习和练习自然会对身体产生锻炼的作用与效果。虽然体育教学由于教学时间的安排、运动负荷的大小、多少和学习目标的优先顺序等各种因素而经常处于非自觉状态，但只要在选择、分析和设计体育教学内容时，根据受教育者不同的身心特点，将这些健身性的内容进行科学地设计和控制，在体育教学中将以锻炼身体不同部位为主的内容进行搭配，在教学过程中对运动负荷大小进行合理安排，对每个教育内容的健身效果进行评价并反馈改进教学，就可以最大限度地发挥体育教学的健身效果。

3. 约定性

体育运动项目或身体练习方式是在一定的时间、场地、空间或在专门器械上，按照约定的规则和程序进行的，如"田径""沙滩排球""沙地网球""平衡木""撑竿跳"等。也就是说，如果这些项目离开了特定时空的制约，其内容和形式就会发生质的变化，甚至内容本身就不存在了。由于体育教学内容的时空约定性，使体育教学内容对运动的时空有很大的依赖性，也使场地、器材、规则本身成为体育教学内容的制约因素。

4. 层次性

体育教学内容具有鲜明的层次性，主要表现在以下两个方面。

（1）体育教学内容的内在层次性，即体育运动的内在规律使体育教学内容的技术与战术之间、内容与内容之间存在着由简单到复杂、由易到难的递进式的层次性，这种内在层次性可以相互联系和相互制约，例如篮球运动中的运球、传球等基本技术是篮球战术学习的基础，田径教学中的短跑教学内容是跨栏跑教学内容的基础，等等。体育教学内容的内在层次性是我们编制体育教学内容的依据。

（2）体育教学内容的外在层次性，即学生的生理、心理和社会特点等外在因素也具有递进式的层次性，这使得体育教学内容的安排应具备系统性、逻辑性并与以上层次性因素相适应。

5. 娱乐性

由于体育教学内容大多是竞技性的运动项目，参加者在这些运动过程中的学习、竞争、协同、挑战、表现、战胜、超越等心理体验和成就感、卓越感等，都会让人产生愉悦的心理体验。当学生在教学过程中真正感受到这种愉悦的体验时，就会强化在体育教学中对运动乐趣的追求动机，这也是体育教学内容与其他文化课内容的重要区别。

（三）体育教学内容的分类

"对任何事物的分类无非都是为了通过对该事物进行整理和归类，从而加深对该事物的认识。对体育教学内容的分类也是如此，是为了对体育教学内容进行梳理，使其体系更加清晰，与体育教学目标的对应更加紧密，并能根据教学过程进行合理地排列。"在中国体育教学理论和实践的研究中，国内体育理论专家、学者对体育教学内容的分类作出了有益的探索。

1. 体育教学内容分类的要求

（1）符合社会发展的需要。体育教学内容在服从国家教育的基础上，随着社会发展和教育方针的要求而不断变化。因此，体育教学内容的分类也应与时俱进地适应社会发展的需要，也就是以目标加以分类，根据不同时代社会发展的需要，对体育教学内容有所增减。

（2）符合体育学科的本质。体育教学内容的分类应为体育教学实践服务，分类的正确与否须在实践中不断地检验。体育教学内容的分类必须符合体育学科要求，并且分类应遵循体育教学内在的逻辑性。因此，体育教学内容的分类应有整体性的观念，也就是体育教学内容的分类既要与体育教学目标、体育教学计划相互对应，又要与体育教学方法、评价等相互联系，使体育教学内容的分类成为一个有机的整体。

（3）符合学习者的要求。根据不同的年龄阶段变化，各阶段体育教学目标是不完全相同的,因此体育教学内容的分类也应有所变化。体育教学内容的分类要符合不同学段学习者的阶段性要求。

2. 体育教学内容的分类方式

体育教学内容是多种多样的,所解决的教学任务、教学目标也是多方面的。因此,体育教学内容的分类方法应具有多样性和层次性特征。体育教学内容在分类时可以分成不同的层次,不同的层次又可运用不同的分类方法,但是在同一层次上则必须采用同一个分类标准进行分类,须保证同一维度应遵循"子项之和等于母项"的分类标准。目前体育教学内容经常采用的分类方法是依据人体基本活动能力分类、依据身体素质分类、依据运动项目分类、综合交叉分类和依据体育功能分类五种。

(1)依据人体基本活动能力分类。依据人体基本活动能力分类是体育教学实践中较为常见的一种分类方法,它是以人的走、跑、跳、投、攀、爬、钻、平衡、支撑、踢、接等身体活动能力划分体育教学内容的。这种分类对于有目的、有计划地培养学生走、跑、跳、投、平衡等人体基本活动能力是有利的,且不易受到运动项目的限制。因此,这种分类方法不仅有利于不同教学内容的组合,而且也有利于发展学生的各种身体动作和基本活动能力,比较适合低年级的游戏等教学内容。

(2)依据身体素质分类。发展学生身体素质能力是学校体育教学的目标之一。这种分类是按照组成人体身体素质的速度、力量、耐力、灵敏、柔韧几个部分对有关体育教学内容进行分类。这种分类方法的特点在于:在发展学生身体素质能力方面分类明确清晰,有利于实现锻炼身体的目的和帮助学生正确认识各种体育运动项目与身体素质能力之间的关系。但是,由于许多项目并不是单纯发展练习者某一方面身体素质的能力,所以这种分类显得不够确切,而且这种分类往往容易带来对体育教学内容的文化特性的认识不足,从而容易使学生忽视体育运动的文化知识学习与养成。

(3)依据运动项目分类。依据运动项目进行分类是体育教学中最常见的教学内容分类方法之一,它是按照运动项目的名称和内容进行分类的,如田径、篮球、足球、武术、游泳、健美操等运动项目的教学内容。这种分类方法的特点在于:首先,这种分类有利于教师和学生根据运动项目固有的特点进行教授与学习,因为这种分类方法与竞技体育中的运动项目几乎一致,在名称和内容上容易理解,有利于学生竞技运动文化的学习和掌握;其次,这种分类方法容易否定非正式比赛项目或一些尚不规范的比赛项目,即使是奥运会、世锦赛等正式比赛项目,因其在规则、技能等方面具有高技艺、高难度、高水平的特点,这些内容往往既不适合学生身心发展的要求,也不符合学校的师资队伍、场地器材等教学条件,必须对其规则、难度等作出必要的改造,使之符合体育教学内容的选择与要求。因此，这就对体育教师提出更高的要求，也对"竞技运动教材化"提出了更高的要求。这类教学内容势必与原来的运动项目产生较大差异，成为一种似是而非的东西，容易使学生对运动项目的理解和掌握产生不利的影响。

（4）综合交叉分类。综合交叉分类是指把体育教学内容按基本部分（必修）与选用部分（选修）、理论与实践教学内容、各运动项目的基本教学内容与提高身体素质练习教学内容等进行综合与交叉的分类方法。这种分类方法能够反映不同年龄阶段的学生身心发展的特点和对学生体育与健康课程学习的基本要求，有利于实现体育教学的综合效果；既有助于保持运动项目的固有特点和系统性，又有助于加强身体锻炼的实效性，使运动项目的技术和发展学生身体素质的练习相互交叉配合。

（5）依据体育功能分类。这种分类方法把课程目标分为五个方面——运动参与、运动技能、身体健康、心理健康与社会适应。故此，体育教学内容也应该包括这五个方面。这种分类方法能够使教师和学生更好地实现体育与健康课程的目标，但缺少具体的教学内容选编的参考范围和相应的考核标准。

总之，体育教学内容的分类方法具有多样性、复杂性等特点，这是由于对体育教学内容研究的角度不同和采取不同的分类标准而形成的。

（四）体育教学内容的组成

体育课程是学校课程的重要组成部分，体现着体育学科独特的特点和功能，承载着实现教育教学目标的重任。学校体育课程的教育任务表现为：首先，通过传授体育与健康的知识、技术、技能和体育卫生保健知识，使学生加深对体育文化和健康的理解；其次，锻炼学生身体，帮助学生学会体育锻炼与健康知识，促进学生身心健康发展，养成终身体育锻炼的习惯；最后，运用体育教学过程中的可创造性、可选择性和人际关系多样性的特点，指导学生掌握调节情绪的方法，培养学生果敢、顽强的意志品质和团队合作精神，对学生进行思想品德、行为规范的教育，特别是在高中阶段，学生处于自主、独立的个性发展的最佳时期。因此，还应通过剖析体育现象与诸多社会现象和问题，培养学生分析问题与解决问题的能力，为学生形成正确的人生观、价值观作贡献。

由于学校体育课程要完成上述教育任务，而且体育教学内容又具有实践性、健身性、娱乐性、层次性、开放性及约定性等特点，所以体育教学内容也是丰富多样的，主要包括以下内容。

1. 体育卫生保健知识教学

体育卫生保健知识教学通过体育基本原理和知识等宏观体育知识的传授，使学生更深刻地理解体育对国家、对社会、对自己未来生活和工作的重要性，使其能自觉地、有计划地去锻炼身体，更科学、更合理地从事运动实践。通过卫生保健知识的传授使学生认识到健康的重要性和身心健康所需要的环境，掌握一定的卫生保健手段与方法，从而更自觉地爱护环境、爱护自我健康，形成良好的、正确的卫生保健意识。这部分教学内容应注重当前的体育现象与社会问题，密切联系学生学习生活实际，精心挑选对学生有重要意义的体育与卫生保健原理来组织、优化教学内容，并注意切合实际地结合运动实践部分的内容来组织教学内容，内容应具有科学性、实用性、现实性和启迪性。

2. 田径运动教学

田径运动教学内容主要包括走、跑、跳、投等。应通过此项教学内容使学生了解田径运动的概要，理解田径运动在身体锻炼中的作用和意义，掌握一些实用性、基础性较强的田径运动技能技术，学会用田径运动发展体能的方法以及运动中的注意事项，掌握一些基础的田径裁判和组织比赛的常识和技能。田径教学内容既与人的走、跑、跳、投等基本活动能力有内在联系，又与田径运动技术有直接联系，还与学生学习时的心理素质有内在联系。因此，不应该从单一田径运动项目去划分、去分析田径教学内容，而应从竞技、文化、心理能力以及提高身体素质等方面去全面地理解、分析教学内容，并组织教学，这样才能使学生既能掌握田径的一些基本运动技能，又能灵活地将所学运动技能运用于娱乐、健身、竞赛等运动实践中。

3. 体操运动教学

体操运动教学内容主要包括技巧、支撑跳跃、单杠和双杠等。通过此项教学内容，应使学生了解体操运动发展的概貌，了解体操运动对人身心发展的锻炼价值和作用以及体操竞赛的方法与注意事项，掌握一些典型的、实用性较强的体操动作并学会用这些体操动作来进行身体锻炼与养护，在体操运动中能有效地运用保护与帮助的手段进行保护与自我保护，并能够了解一些体操比赛的基本常识，学会观赏体操比赛。体操运动既是体育文化的重要组成部分，又是一项具有悠久历史的竞技体育比赛项目。它是一项对发展人的力量、平衡、灵活性、协调性等身体素质和心理素质功效性较强的运动项目。因此，在分析体操教学内容时要从竞技、心理、生理等角度全面地进行，并且应具有一定的层次性，应循序渐进地通过加大动作力度、难度、幅度以及改变动作套路等方式来体现教学内容的层次性，使学生的运动能力得到切实的提高。此外，体操教学内容还要考虑全面性、规范性等要求。

4. 球类运动教学

我国体育学术界及体育主管部门一般把球类运动分为大球和小球两类。大球是指篮球、足球、排球等小球是指羽毛球、乒乓球、网球等运动项目。通常来讲，球类运动是学生比较喜爱的运动项目，主要体现出竞争性、趣味性、比赛结果不确定性的特点。应通过球类教学内容使学生理解各项球类运动的概貌和球类比赛的共性特征，较好地掌握一至两项球类运动的基本技术和运用战术的技能，具有能够参加球类比赛、裁判和组织比赛的知识和技能。球类教学内容中的技术较为复杂，战术复杂多变且相互依存、相互制约。若只进行单个技术教学，不与教学比赛紧密联系就会失去球类运动竞争性、趣味性的特性，就会影响学生学习的积极性与主动性，最终也不能使单个技术得到更好运用与提高。因此，应注意把球类运动的技战术教学与教学比赛结合起来，教学内容分析和选择时要注意时序性、实战性、技术性等问题。

5. 操类运动教学

操类运动包括走手操、广播操、健美操、韵律操、艺术体操等内容。操类教学内容的共同特征是在音乐的伴奏下，将舞蹈、韵律、表现与运动融合为一体，是女生比较喜欢的运动。应通过本教学内容使学生了解各项运动的基本特征，了解从事这项运动的一些规律和基本原则，掌握一些基本的操类运动技能和一些实用性套路，培养学生自编一些简单的动作和套路的能力，还应通过此类教学内容，矫正学生的身体姿态，培养节奏感、韵律感和身体表现能力。操类运动教学内容既可以锻炼学习者的身体素质又可以培养学习者的气质形态，教学内容还与乐理学、美学、舞蹈原理等内容相关。因此，组织教学内容应从审美观培养、音乐理论介绍、感情表达能力养成和健身效果等多方面来考虑。以往这部分教学内容考虑动作教学的因素多，而教一些基本原则并让学生尝试自编的要求较弱，应予考虑对该部分进行加强。

6. 任选体育教学内容

任选体育教学内容是为了丰富各级各类学校体育教学内容和适应各地的不同教学条件而设置的。通过这一部分教学内容应使学生掌握一些与本地文化背景有关、有地方特色的、地区体育发展需要的体育知识和技能。多样化的体育教学内容能够使学生对体育的需求得到一定程度的满足，也使其体育能力得到全面的拓展。任选体育部分内容的选用要求符合国家体育课程标准和"校本课程"开发的基本要求，并注重其有效性、文化性、实用性。这部分教学内容的教学要有明确的标准和要求，以使其达到最优化组合和最佳效果。

（五）体育教学内容的分析

体育教学内容的分析是解决"教什么"和"用什么教"的问题。体育教师在进行体育教学设计和教学实践前，要了解教师教什么，学生学什么，也就是先要知道教学内容，并对它进行详细的分析。为了保证体育教学目标的实现，体育教学必须有恰当的、适宜的体育教学内容为载体。分析体育教学内容是对学生起始能力变化为终点能力所需要的从属知识和技能，及对其上下、左右关系进行详细剖析的过程。

1.分析体育教学内容的目的、意义

"用什么教"和"教什么"是体育教学内容的两个重要作用，"用什么教"是体育教学内容作为媒介的一面，而"教什么"是体育教学内容作为内容的一面。体育与健康课程标准已经明确了课程的目标体系，为体育课"教什么"指明了方向。因此，我们需要对体育教学内容进行详尽的分析，充分发挥体育教学内容在体育教学过程中的载体作用。

"用什么教"是教学素材的选择和加工，"教什么"则是对教材意义及价值的认识和处理。例如，教"前滚翻"是我们从众多体操动作中选出来的一个有代表性的连续体位变化的体操动作，而我们在教这个动作时往往是想通过前滚翻的动作使学生掌握简单的滚翻动作，同时使学生掌握紧急情况下落地缓冲的方法，增强学生的方位感和时空感，克服心理障碍，培养其灵敏素质和对体育运动的初步认识等。因为体育教学内容的特殊性和复杂性，在教授同一个教材时，有的教师强调技术，有的教师注重锻炼身体，有的教师侧重于教文化，有的教师教乐趣，有的教师教学习方法，等等。而一堂体育教学课是为实现具体的体育教学目标而实施的，因此，我们有必要对体育教学内容进行分析，充分认识教材作为媒介和内容的整体作用，使体育教学内容的选择能为高效、成功、愉悦的体育课堂教学提供保障。

（1）分析体育教学内容的目的

①有助于充分挖掘体育教材的价值，使其更好地为实现体育教学的多种功能服务。

②详细地分析体育教材内容，能有效确定体育教材内容的范围和深度，为因地制宜地选择教材内容提供条件。

③通过对体育教材内容进行分析，揭示体育教材内容各组成部分之间的关系，为教学安排奠定基础。

④给体育教师提供"如何教"和给学生提供"如何学"的指导，从而有效地促进体育教学目标的实现。

⑤有助于教师和学生能结合学校的实际情况，为较好地实现体育与健康课程目标，选择适宜的教材内容。

⑥明确了教师应该"教什么"和学生应该"学什么"的问题。

（2）分析体育教学内容的意义

①有利于最大限度地发挥体育教材内容对实现体育教学目标的载体作用。

②有利于体育教学资源的充分挖掘和利用。

③有利于激发和保持学生的体育学习兴趣和满足学生的发展需要。

④有利于提高体育教师根据教学实际，选择、改进和创编体育教材内容的能力。

⑤有利于体育教学效率和教学质量的提高。

2. 分析体育教学内容的步骤

（1）分析体育教学内容的相关文化知识信息。体育教学内容是根据体育教学的要求从体育运动素材中精选而来的。每一种体育运动素材都有自己的起源、历史和发展现状，每一个体育教学内容本身都具有特定的文化知识信息。分析体育教学内容的文化背景，有助于体育教师更好地从教材中提取相关的文化知识，提高学生的体育文化素养。

（2）分析体育教学内容的功能。体育教学内容最重要的形式和载体是运动项目，通常具有非常丰富的内涵和多样化的潜在功能。体育教学内容功能的挖掘既要全面，又要准确，这样才能为体育教学目标的实现提供条件。对体育教学内容功能的分析主要依据体育与健康课程的五个学习方面，即运动参与、运动技能、身体健康、心理健康与社会适应来分析。在项目潜在功能分析中既要分析该项目具有什么样的潜在功能，又要分析这些功能需要什么样的教学环境及活动条件才能转化为教育教学的效果。

（3）分析体育教学内容的特点。了解体育教学内容的特点是我们实施体育教学过程的关键环节，只有熟知体育教学内容的特点，才能设计出实效性强的体育教学组织形式、教学方法和教学媒介，并为最终教学任务的完成提供保障。体育教学内容特点的分析主要从两个方面着手进行：一是分析该教材内容的优点，如有利于学生体能发展，学生的创新空间大，对教学场地、器材的要求低，安全性能高，教学组织简单等；二是分析该教材的局限性，如技能学习和掌握的难度大，对学生的体能要求高，趣味性较差，枯燥、乏味等。

（4）分析体育教学内容的重难点。教材的重点，通常称为教材的关键，是指完成某一个动作时最主要的环节，学生对这一最主要的环节掌握与否，会影响到整个动作的完成。分析体育教学内容的重点，可以从两个思路出发：第一，根据体育教学内容体系涉及的知识内容，对教材进行深入细致的分析；第二，挖掘知识的教育功能，把握教学重点，这主要是确定非知识性教学重点的思路。教材难点是指在实现体育教学目标过程中出现的障碍，主要是学生因接受知识的能力差异而产生的困难，在体育教学实践中，分析教材难点的方法有很多，在寻找突破难点的方法时，要善于抓住突破难点的实质，主要抓住三个关键：①明确什么地方难；②找出为什么难；③善于抓住难的焦点。如把教学活动的障碍比作一次障碍赛，那么难点就是达到终点过程中的障碍物。我们认为体育教学的主要目的就是帮助学生解决学习中的疑惑和练习中的困难，困难和疑惑就是教学的难点。

（5）分析体育教学内容的时代性。体育教学内容都具有明显的时代性，尤其是新兴体育运动项目体现了社会的某些流行元素和时尚气息，非常符合现代青少年的个性特点和价值取向。如街头篮球体育教学内容就非常明显地具有张扬个性、展现自我以及追求超越的特点。

（六）体育教学内容的选择

1. 体育教学内容选择的原则

（1）科学性原则。选择和设计教学内容时要考虑学生的个体差异，要给学生留有足够的发展空间，使得学生在体育学习过程中能够平等受益。也就是说选择教学内容应遵循科学性原则，要符合不同年龄阶段学生的身心发展规律，有效地增进学生健康、增强学生体质，从而促进学生的生长和发育。

（2）健身性原则。以"健康第一"为指导思想，在强调学习体育知识、技能和方法的过程中，以适宜负荷的身体练习提高体能和运动技能水平、促进学生健康成长，是体育教学的目标之一。选择教学内容与健身性相结合就是要根据学生的健身需求，以增强学生体质、增进学生健康为主要目标，要符合学生的心理、生理特点，具有改善身体机能、愉悦身心等特征。通过体育的健身功能，既要使学生获得体育基本知识、技能和方法，又能培养学生良好的思想品质和不怕困难、吃苦耐劳的精神。因此，选择有助于学生健康的体育教学内容是应该考虑的问题。例如，教师可对体操、田径、球类、武术等运动项目进行适当的改造与创新，如降低难度、简化技战术、简化规则等，也可把一些学生喜爱的新兴运动项目引入到体育教学内容中来，如现代舞等。

（3）可行性原则。选择体育教学内容与可行性相结合就是选择具有地方或学校特色的项目，或适合本地区和本学校开展的运动项目。例如，选编校本教材或本学校自编教材中的健美操、现代舞等运动项目。

（4）兴趣性原则。选择体育教学内容与兴趣性相结合就是选择学生所感兴趣的、所喜欢的、所爱好的，并适合学生终身发展的体育教学内容，学生是否对教学内容感兴趣应站在学生的角度上考虑。学生对体育教学内容产生了浓厚兴趣，随之就会激发出强烈的求知欲，就会自觉地学习，逐渐养成对运动的爱好和自主锻炼的习惯，培养终身体育的意识。

（5）发展性原则。选择体育教学内容与发展性相结合就是选择对学生终身体育具有重要影响因素的基础知识、基本技术、基本技能和活动内容。这些体育教学内容的选择有利于学生学会学习，让学生具备一定的自我设计、自我锻炼、自我评价的能力，并能引导学生对不同的学习内容进行价值判断与选择，使学生的生理、心理、社会适应等方面健康和谐地发展。例如，通过如何制订锻炼计划与运动处方，如何应用科学的方法参加体育锻炼，球类运动竞赛的编排方法等基础知识和足球、篮球、排球、羽毛球、乒乓球、太极拳等运动技术技能的学习，可以让每一个学生能够掌握一至两项科学的健身方法和运动技能，为终身体育锻炼与娱乐打下坚实的基础。

（6）简易性原则。选择体育教学内容与简易性相结合就是要因地制宜地创造一些比较简单易行的体育教学内容，以便在体育器材不足或体育设施简陋的情况下满足学生学习和参与体育活动的需要。教师可通过对一些运动项目进行改造，例如，简化运动规则、简化技战术、降低难度要求等；教师也可通过内容之间的可替代性，例如，发展上肢力量，丢沙包、打羽毛球、掷实心球，甚至利用废布团、废报纸团练习投掷，同样可以达到学习目标，促进身心健康的发展。

（7）实效性原则。选择教学内容与实效性结合就是选择的教学内容是否实用，是否对促进学生的身心健康发展具有实际锻炼效果。若某项技术对学生要求太高，学习有较大的难度且与实际生活联系又不密切，就不具备较高的实效性。如背越式跳高的技术细节过于复杂，技术规格要求较高，学习这一技术的实效性也就很难体现，但可作为介绍性内容进行教学，以便有兴趣的学生在课外练习。

（8）地域性原则。体育与健康课程标准十分强调发挥地方教学内容的特色，因为中国地大物博、人口众多，且有着五千年的悠久文明历史，有许多体育传统文化可以取其精华为我们所用。这些在民间盛行的体育运动游戏项目可以作为体育教学内容进入课堂教学中。这既可以使学生了解中国民间的传统文化，又可以激发和保持学生参与体育活动的兴趣，提高学生的健康水平。此外，还要根据不同气候、季节的特点，选择地域性运动项目作为体育教学内容，充分利用和开发体育教学内容资源。

2. 体育教学内容选择的依据

"体育教学的技能与知识素材庞大复杂。因此，必须筛选那些适合体育教学目标的身体练习和理论知识作为体育教学内容。"要从丰富多彩的众多体育活动中因地制宜地挑选出某些体育活动来作为体育教学内容，这一过程是烦琐复杂的，必须像制订体育教学目标一样依据一定原则来选择体育教学内容。体育教学内容的选择是直接为体育教学服务的，是直接关系到体育教学目标和课程目标实现的关键性要素。因此，体育教学内容的选择必须依据以下基本因素。

（1）以"健康第一"为指导思想。体育教学内容是实现体育教学目标的载体，因此，我们在选择体育教学内容时，应该分析所选择和设计的体育教学内容是否体现了"健康第一"的指导思想。只要有利于促进学生健康的体育教学内容，无论是现代竞技体育项目、新兴体育活动内容或直接来源于生活的体育游戏、体育活动都可以成为学校体育新课程教学的教材内容。

（2）以体育教学目标实现为宗旨。体育教学是实现体育与健康课程目标的主要途径，在体育教学中体育教学内容是实现体育教学目标的载体。体育教学实践中，对体育教学内容的选择正确与否会直接影响到体育教学的效果。因此，我们在选择体育教学内容时要充分考虑到其对体育教学目标的载体作用，体育教学目标是我们选择和设计体育教学内容的依据。

（3）遵循学生的身心发展规律。不同年龄阶段的学生在生理和心理特点方面具有明显的不同，他们在体能、身体形态、身体机能、认知、情感、个性心理特征、思维方式等方面有较大的差异。而通常呈现给我们的体育教学内容都是相同的，同时体育新课程只是规定了课程目标体系，而对不同年龄阶段的学生，需要通过哪些体育教学内容才能促进学生达到水平阶段的学段目标，则需要教师和学生共同设计和构建。所以，在设计和选择具体的体育教学内容时，需要我们遵循教学对象的身心发展特点，在此基础上，选择、改造或创编适合特定学生年龄身心特征的体育教学内容，这样才能有效地完成教学任务，为提高体育教学质量提供前提条件。

（4）了解学生的兴趣爱好和发展需求。学生是体育学习过程的主体，教学中必须充分考虑他们的兴趣和需求。不同水平阶段学生的生理和心理特点决定了他们对体育活动的不同兴趣和需求。在体育教学中选择体育教学内容时，要把学生的兴趣和发展需求作为最重要的依据，使体育课堂教学最大限度地满足学生的兴趣和发展需求。

（5）结合不同地区和学校的实际教学条件。体育教学内容需要借助于一定的体育场地、器材和设备才能有效发挥其载体作用。在体育教学中，要根据所在地区、学校的实际条件，设计和选择体育教学内容。

3. 体育教学内容的改造与加工

按照体育教学内容选择的依据和要求选好体育教学内容后，每一位体育教师需要根据学校的实际状况（体育场地器材设施、教师专业特长和经验、学生的特点和基础等）对所选内容展开加工和处理工作。体育教学内容的改造与加工是体育教学内容实施中的必要环节，结合体育教学内容的特性，介绍几种体育教学内容加工与改造的基本思路。

（1）利用动作教育模式改造和加工体育教学内容。动作教育是发端于欧美国家的一种教育理论和方法。动作教育是通过身体动作活动或创造性运动经验的增进，使个体的身心获得"最适发展"的教育或历程，这一过程的着眼点不只是动作技能的掌握，同时包括促进个体的身心和谐发展。动作教育不仅要重视身体机能的养成，同时还要重视身心的和谐发展与障碍的康复，它可以通过一些角色性、竞争性较强的游戏或康复训练等多种形式渗透到学生的日常学习生活中。例如，在游戏中按照动作教育（游戏）规则，凡参与者一般都要扮演一定的"游戏"角色，处理不同的人际关系，体验社会互动和游戏结果所提供的社会价值理念，并以此对自我和他人在游戏中的行为作出评价。

（2）结合体育原理与知识来改造和加工体育教学内容。其特点是深度挖掘运动"背后"的相关原理和文化知识，并将其融入探究式体育教学模式中，往往与启发式、发现式的教学模式联系起来运用。这种改造和加工体育教学内容有利于提高学生对运动原理的理解和举一反三的实际教学效果，比较适合于高年级的学生。

（3）体育教学内容的游戏化改造。游戏是伴随着愉快的体验性、趣味性较强的体力和智力活动。体育教学内容中许多体能和"走、跑、跳、体操、游泳"等运动技能练习由于形式相对比较单一，教学中容易让学生感到枯燥乏味。因此，有必要对这类体育教学内容进行游戏化的改造与加工，使之符合学生的心理、生理以及生长发育特点。经游戏化改造和加工后的体育教学内容的特点是将相对比较单调的、枯燥的运动和身体练习方法用"情节"串联成游戏，或强化练习的竞争、对抗、协同、角色、情境等游戏要素，让学生在愉快的游戏中学习体育教学内容。这种游戏性体育教学内容有利于提高学习者的学习兴趣，起到"事半功倍"的效果。例如，用游戏的方式可以对跳高教学内容中"弹跳能力练习"进行改造和加工：①跳绳跑接力；②连续跳跃障碍物接力；③跳起触摸一定高度的橡皮筋或标志物；④跳不同高度的橡皮筋接力赛；⑤跳五边形橡皮筋追逐跑。越是低年龄段的体育教学，这种游戏化改造的效果就越明显。

（4）简化运动项目改造和加工体育教学内容。主要从技术结构、竞赛规则、场地器材规格等方面对原来的运动项目进行改造，使其成为一种新的体育教学内容。这种改造和加工是为了适应学生身心发展特点和体育教学的需要，简化运动技术结构，降低运动难度，调整场地器材的规格，修改运动项目竞赛规则，使其成为大学生的"最近发展区"，以便达到既能增进健康、增强体质，又能减轻学生运动时的生理负荷和心理负荷的目的。改造和加工时应根据体育教学目标的具体要求，遵循体育的规律、运动项目的特点和健身原理，在充分分析、研究运动项目的健身性、教师的操控性和学生的接受性的基础上，采用走、跑、跳、投等人体基本活动形式，从运动的轨迹、方向、距离、顺序、节奏、负荷、难度、场地、器材、规则等诸多方面，对运动项目进行加工和改造，使其成为有实际应用价值的体育教学内容。

（5）融合体育文化改造和加工体育教学内容。所谓体育文化是在增加健康、提高人民生活质量的过程中创造和形成的一切物质和精神财富的总和。融合体育文化改造和加工体育教学内容是从体育运动中汲取一切物质文明和精神文明要素，并在教学中让学生体验运动文化的情调和氛围。例如，以中国传统体育文化为主题让学生了解我国民间的舞龙、舞狮、划龙舟、气功、武术等传统体育文化的历史渊源与文化底蕴，同时加强传统体育文化中的修身养性的基本理论，为学生的养身、健身、强身提供理论指导。结合学生的兴趣爱好，指导学生欣赏竞技运动比赛，提高体育素养和审美能力，并获取体育文化知识。这种融合体育文化的体育教学内容有利于学生对体育文化的体验和理解。

（6）结合"三生"教育改造和加工体育教学内容。"三生"教育是学校德育范畴，其中包括"生命教育""生活教育""生存教育"。其中"生活教育"和"生存教育"对后现代主义语境中的体育课程体系提出了新的期望与要求。结合"三生"教育合理有效加工和改造体育教学内容，可以使教学内容更加野外化、冒险化、实用化、生活化。这种教学内容的改造特点能够更贴近学生的现实生活和实际经验，既能传授较为实用的运动技能（野外生存技能、游泳等），又能调动学生的直接学习动机，激发学习兴趣。例如，跑酷运动、游泳、野外生存等实用性较强的运动项目，在改造和加工为体育教学内容时，有效地激发学生的参与热情和运动兴趣，使体育教学内容尽可能地向学生的生活、社会和大自然方向延伸。但在加工体育教学内容时需要注意的是不能盲目地赶时髦、求新鲜、求刺激，而是要根据学校的条件、教师的能力和学生的喜好选择适当的运动项目。

（7）以运动处方形式改造和加工体育教学内容。健身运动处方的操作程序是：健康诊断—体力测定—确定健身目标—选择运动项目—制订运动处方—实际锻炼，其主要目的是运用运动处方的理论指导学生的身体锻炼。以运动处方的形式加以改造和加工的体育教学内容主要是运用运动人体科学的有关原理，将运动的强度、重复次数、速率等因素加以组合排列。因此，运用运动处方形式加工和改造的体育教学内容更适合教学对象的实际，有利于个性化地实施学生的身体锻炼，改善健康状态。

第二节　体育教学的过程与规律

一、体育教学的过程

任何活动都是以过程的形式存在和发展，体育教学的本质和规律也是存在于教学过程中的。要开展有效的体育教学，就要认识和把握体育教学的本质和规律，就必须了解体育教学过程。体育教学过程是由时间、程序等因素组成的，如何科学合理地分配时间，设计一个怎样的教学流程，都涉及教学过程的问题。因此，体育教学过程是教学的核心因素。

体育教学过程是为实现体育教学目标而计划、实施的，使学生掌握体育知识和运动技能并接受各种体育道德和行为教育的教学程序。这个程序具有学段、学年、学期、单元和课时等不同的时间概念。

（一）体育教学过程的本质

1. 体育教学过程是学生掌握运动技能的过程。知识类学科的教学过程主要是使学生识记概念以及运用判断、推理等思维方式去掌握科学知识并发展智力，而体育学科则是使学生在不断的身体练习中去掌握运动技能，并通过运动技能的掌握进行其他方面的养成教育。所以，我们首先要把体育教学过程理解成为一个学生掌握运动技能的过程。

2. 体育教学过程是提高运动素质的过程。掌握运动技能需要运动素质的提高，同时大肌肉群的体育活动也能有效地提高运动素质，运动技能和提高运动素质是相互促进的关系。因此，体育教学过程也是一个不断提高学生运动素质并以此增强学生体能的过程。在体育教学过程中，不仅要注重学生对运动技能的掌握，而且要关注学生运动素质的提高，要在设计教学、安排进度和选编内容等方面将二者有机地协调起来。

3. 体育教学过程是学习知识和形成运动认知的过程。体育是涉及人文学科和自然学科的一门综合性课程，在以掌握运动技能为主的体育教学过程中，学生也会涉及许多的知识学习和运动认知获得，有时这些知识学习和运动认知获得还是掌握运动技能和提高运动素质的基础。因此，体育教学过程也必然是一个掌握体育知识和进行运动认知的过程。

4. 体育教学过程是集体学习和集体思考的过程。"集体学习"和"小集体学习"是体育教学的主要教学形式，这是由于大多数的体育运动项目是在集体和小集体的形式下完成的。因此，体育的习得也需要在集体性学习和集体性思考的过程中进行。与此同时，当前的体育教学的目标也越来越指向学生的集体学习，以期发挥集体教育的潜在性作用。体育教学中的集体学习和集体思考也是加强教师、学生互动和沟通，培养学生的社会交往和社会适应能力的途径。因此，我们也要把体育教学理解为学生社会化的过程。

5.体育教学过程是体验运动乐趣的过程。学生学习体育的过程是一个在生理上伴随着流汗的过程，是身体经受生物学改造的过程，但同时也是一个在身体和心理方面体验运动固有乐趣的过程，这种乐趣是体育运动生命力的体现，是体育教学的学习目标与内容，也是培养学生的体育参与意识的途径和手段，更是终身体育的重要基础。

（二）体育教学过程的层次及其特点

为了更好地理解体育教学过程的概念，掌握体育教学过程的特点。我们还要对体育教学过程做进一步分解，从而认识体育教学过程的层次及其特点。体育教学过程的层次可以分为：学段体育教学过程、学年体育教学过程、学期体育教学过程、单元体育教学过程、课时体育教学过程等。

1.学段体育教学过程及其特点

学段体育教学过程，按当前中国教育的学制进行划分，可以分为小学、初中、高中、大学等体育教学过程。学段体育教学过程表现为某个学段的"课程方案"或"学段教学计划"，它的特点主要有以下两个。

（1）发展阶段性。学段体育教学过程划分的主要依据是学生的身心发育规律，如初中生处于青春发育期，成长发育迅速，身体机能迅速健全；随着生理的逐步发育成长，初中生的心理也发生了较大的变化，感知能力和观察能力明显提高，记忆力接近或处于高峰期，具体形象思维向抽象逻辑思维过渡，想象能力有所提高，等等。因此，初中学段体育教学过程就要体现初中生上述生长发育的特点，这就是发展的阶段性。

（2）相互衔接性。学段体育教学过程与超学段体育教学过程相比，是进一步的细化，它是把超学段相对多样的、宏观性的国家体育课程目标、内容和要求进一步进行分解和细化，合理地分配在几个相互连续和相互衔接的学段中，并使之有机地结合。学段的体育教学过程主要是由国家来规定原则，由各级学校具体设计的。

2.学年体育教学过程及其特点

学年体育教学过程是指根据学校的体育教学情况，针对学生的特点，把学段体育教学标准和方案的内容、任务、要求等具体地分配到学年中，使之相互衔接，并付诸实施的过程。它是一种客观的体育教学过程，此过程一般由各级各类学校的体育部门来掌控。学年体育教学过程的主要特点有以下三个。

（1）系统性。学年体育教学过程要完成学段体育教学的要求和目标，而学段的教学目标如何分解、教学内容如何排列、教学时数如何分配、学年与学年又如何衔接等均是学年体育教学过程要着重解决的问题。因此，学年体育教学过程不仅要注意学段中各学年体育教学过程的关系，而且还要注意学年内两个学期间体育教学过程的关系，因此其系统性比较强。

（2）周期性。学年体育教学过程的计划和安排要考虑体育教学内容的周期性。另外，要明确在全年 32 ～ 36 周的体育教学过程中安排什么教材，安排在哪个学期，出现几次，教学内容之间的相互关系等。

（3）承启性。学年体育教学过程具有明显的承上启下性，它是超学段体育教学过程、学段体育教学过程和学期体育教学过程的连接点，对上具有体现作用，对下具有指导作用，是宏观过程转向微观过程的中介环节。学年体育教学过程也是超学段、学段体育教学过程的具体化，它实施得好与差会直接影响到体育教学的质量。

3. 学期体育教学过程及其特点

学期体育教学过程的设计是根据教师、场地、气候、教材的特点和教材性质等条件，将学年体育教学过程的内容、要求和任务分配到上下两个学期的各个教学周中去。此教学过程一般由各级各类学校体育教师和体育教研室来掌控，表现为体育教研组的"学期教学计划"，其主要特点包括以下两个。

（1）季节性。设计学期体育教学过程，最主要的就是应根据季节变化和当地的气候特点，把学年教学过程中所选择的各项教材合理地安排到各学期中去，使体育教学适应季节的变化。如在秋冬季安排中长跑、滑雪滑冰以及室内运动项目的教学，而在春夏季则安排体操、武术、游泳等项目的教学。

（2）集散性。确定了学年体育教学内容之后，就要根据学生素质与教材之间的关系、教材的难易程度以及气候的变化等具体情况，将选定的教学内容分配到该学期的各教学周中去，此时就涉及教学内容的排列关系，即各项教材的集中与分散排列的问题。根据教材的性质及特点，再确定其在教学过程中是适合集中排列，还是分散排列。

4. 单元体育教学过程及其特点

单元（1 ～ 36 周）体育教学过程是指教师按照学期体育教学过程方案，按教学内容的学理性，安排一些教学单元，进行课时分配并实施教学的过程。单元是体育教学过程的基本单位，是由若干课时组成的"教学板块"。单元体育教学过程在体育教学中具有最重要的意义，它表现为体育教师的"单元教学计划"，其主要特点有以下两个。

（1）变化性。单元体育教学过程有大有小、有长有短，其大小和长短实质上决定了教学的容量和质量，因此具有明显的变化性特点。每个单元的大小因教学目标、教材难度、学生水平、场地设施、教师水平的差异而不同。一般情况下，技术性不太强，教材难度不大的教学单元可小一些，如游戏、走、跑等教材，低年级的单元也相应小一些，而高年级随着教材的复杂程度及难度加大，单元教学的规模则会大一些。

（2）学理性。单元体育教学过程具有较强的学理性。安排和设计单元教学过程时主要应根据教材的学习原理，突出教学目标和任务要求。同一教学目标可设计出不同的教学单元结构，如篮球项目的教学，可以设计为先分解再到整体教学的单元结构，也可以设计为先整体再到分解，最后到整体教学的单元结构。而后者往往比前者在设计上要更科学和实用，也就能避免我们经常看到的"学生学了篮球的技术但不会打比赛"的现象，对比两种不同的单元设计，便可清晰地发现其问题所在。

5. 学时体育教学过程及其特点

学时（40 ~ 45 分钟）体育教学过程是指教师根据单元体育教学过程对每节课的要求组织实施体育教学的过程，也就是我们通常意义上讲的体育教学过程。根据学段和学校情况不同，有的学时教学过程为 40 分钟，有的则为 45 分钟。学时体育教学过程实践性较强，它是超学段、学段、学年、学期和单元体育教学过程实现的主要环节。学时体育教学过程的主要特点有以下三个。

（1）结构性。学时体育教学过程作为体育教学的主要实践环节具有一定的结构性，这个结构遵循着课堂教学的规律，遵循着学生身体机能活动的规律，遵循着学生认知的规律。所以，在学时体育教学过程中，教师的教学要有一定的结构、层次和逻辑性。如课堂可按"三段式"结构，即开始、基本、结束来展开，也可按导入、学习、活动、结束等结构展开。

（2）行为性。学时体育教学过程与其他阶段的体育教学过程相比，最大的特点就是行为性。它表现为一种积极的教学实践，无论是从学生还是从教师的角度，都是实实在在的行为过程，是在教学时间里发生的教学行为。

（3）方法性。学时体育教学过程作为一种教学行为存在，它非常注重教学过程中方法的应用。方法主要指教法、学法和课堂组织与管理的方法等。这些方法是完成学时体育教学过程目标和任务的关键因素，也是完成学时体育教学内容的轴心。

6. 技术学习点教学过程及其特点

技术学习点（10 ~ 30 分钟）教学过程是指在学时体育教学过程中，课堂教学的关键和核心部分，也是课堂教学中的重点和难点部分，时间长短不等，约在 10 ~ 30 分钟之间。技术学习点教学过程也具有较强的实践性，它是学时教学过程中的重中之重，主要特点有以下两个。

（1）技能形成的基本单位。技术学习教学过程是课堂教学的重点部分，往往课堂教学是围绕这个点展开的，所以在这个点上要突出注意学生技能的形成，在这个技术学习点时间内要突出学生学习的重点、难点和技术的关键，注意学生掌握技能的情况，使教学的其他目标和任务的实现建立在学生技能形成的过程之中，只有学生掌握了技能，才有可能实现其他领域的目标和任务。

（2）身体负荷性。技术学习点教学过程的另一个特点是，要利用学习的重点来增加学生练习的负荷，在学习的高峰时期，注意力集中时期，增加学生的练习负荷，提高学生的生理承受能力，以达到增强体质、增进健康的目的。

二、体育教学的规律

体育教学规律是指在体育教学过程中客观存在和必然显现的、与体育教学的特殊性有着密切联系的现象及其规则的变化。体育教学过程作为一种以体育课程内容为中介、以促进学生体育素养发展为根本目的的师生互动活动，是一个运动、变化和发展的过程，并且有一定的规律。我们在体育教学中只有充分认识、遵循和驾驭这些规律，才能提高教学质量。体育教学的规律决定着体育教学中应该贯彻的原则和采用的方法、手段和组织形式。

体育教学过程的基本规律可分为一般教学规律和特殊教学规律两类：一般教学规律是指体育教学同其他学科一样所共有的普遍规律，通常包括社会制约性规律、认识规律、学生身心发展规律、教与学辩证统一规律、教育、教养和发展相统一的规律等；特殊教学规律是指体育教学过程所特有的规律，主要包括运动技能形成的规律、人体机能适应性规律和人体生理机能活动能力变化规律。

（一）动作技能形成规律

1.粗略掌握动作阶段

学生学习一个新的技术动作，是通过教师的讲解、示范和学生学习做动作来领会动作过程和要领的，初步建立技术动作的概念，从而粗略地掌握技术动作，是一个学习新动作的开始阶段。其生理学机制是大脑皮层兴奋与抑制过于扩散，高级神经活动处于泛化阶段，条件反射联系不稳定，内抑制不够，伴随多余动作。外在表现为做动作吃力、紧张、不协调、动作不准确。在心理上也表现为对动作的学习信心不足、情绪不稳定、注意力分散等。因此，在粗略掌握动作阶段学生学习运动技术动作时，主要任务就是建立正确的动作表象和概念，学习单个技术动作或技术分解，把注意力放在动作细节和规格上，防止和排除不必要的多余动作和错误动作，即抓技术动作的关键和重点。

2. 改进与提高动作阶段

在改进与提高动作阶段，人的生理机制表现为大脑皮层兴奋与抑制过程处于分化阶段，兴奋相对集中，内抑制逐步发展巩固，并建立初步的动力定型，能比较精确地分析与完成动作。在心理上表现为对动作技能的学习略有信心，但时好时差，注意力比较集中，学习的欲望比较强烈。此阶段学生在练习过程中，大部分的错误动作得到纠正，能比较顺利连贯地完成动作技术，但不熟练，遇到新的刺激，多余和错误的动作还会出现。本阶段的教学主要任务就是在粗略掌握动作的基础上，进一步消除多余、错误、不协调的动作，加深对技术动作之间内在联系的理解，进而掌握动作细节，建立动力定型，提高技术动作的协调性和节奏感，提高学生的身体素质和心理素质，使学生能轻快、协同、正确地完成动作。

3. 动作巩固与应用自如阶段

在动作巩固与应用自如阶段，人的生理机制表现为大脑皮层兴奋过程高度集中，内抑制达到了更为精准的程度，形成了牢固的动力定型。在心理上表现得更有自信心、情绪稳定、注意力分配合理。运动技能表现出准确、熟练、省力、协调，并能灵活自如地应用技术动作，达到自动化程度。这一阶段的主要任务是巩固发展已形成的动力定型，反复进行练习，防止技能的消退。

（二）人体机能适应性规律

人体在进行运动时体内会产生一系列的变化，机体对这些变化必然会有一定的反应与适应过程，它是有一定规律的。当人体开始运动时，身体承受一定的运动负荷后，体内的异化作用加强，体内能量储备逐步下降，这一时期称为"工作阶段"；经过合理的间歇和调整，体内的能量储备逐步得到恢复并接近或达到运动前的水平，这时称为"相对恢复阶段"；再经过合理的休息和能量补偿，机体恢复功能可以超过原来的水平，称为"超量恢复阶段"，超量恢复的状况依赖于运动负荷的大小和人体新陈代谢能力的不同而有所变化。

运动时机体变化是反应与适应过程，分别形成四个阶段：工作阶段、相对恢复阶段、超量恢复阶段和复原阶段。我们将这一规律称为人体机能适应性规律。根据这一规律，为了使学生达到增强体质之效，后一次课的负荷应尽量安排在前一次课后的超量恢复阶段，这样才能产生体育练习的效果与积累，可以有效提高学生身体的功能水平，如果间隔时间过长，失去了负荷后的痕迹效应和最佳时机，机体工作能力就会降低到原来的水平，则会失去应有的练习效果。

（三）人体生理机能活动能力变化规律

在体育教学过程中，在反复的身体练习和休息的交替过程中，学生的生理功能变化有一定的规律性。从一节体育课来看，基本呈上升—稳定—下降的趋势，我们将这一规律称为人体生理机能活动能力变化规律。由于学生的年龄特点、健康状况及训练水平等因素的不同，教师选择的教材和采用的组织教法的差异，以及气候变化等差别，机能活动能力提高阶段所需要的时间，功能活动曲线一般是上升的时间短而快，但维持高峰阶段的时间较短。身体训练水平越高的学生，功能活动的时间较短，达到和保持最高阶段的时间延长，并且可承担较大的生理负荷。

第三节　体育教学的角色及其关系辨析

一、体育教学中的学生——主体

（一）学生时期的生长发育特点

1.波浪性特点

人体青春期的生长发育通常由两个紧密衔接的重要阶段组成，且各阶段都会经历上升—顶峰—下降的发育变化过程。同时，各阶段的发育速度也不均衡，有快有慢，具有明显的波浪性特征。因此，人体不同器官系统的发育顺序和速度也不同，一般情况下，人的神经系统最先发育，其次是淋巴系统，这两个系统的发育速度呈现出由快到慢的趋势。按照发育顺序依次为运动、呼吸、心血管、泌尿、消化、生殖这几大器官系统，这些系统的发育速度则呈现出由慢到快的趋势。

综上所述，人体青春期的身体发育具有显著的阶段性、连续性、波浪性、程序性等特征，而人的身体发育状况与各项身体素质的发展直接相关，对其具有关键性决定作用。身体素质的发展顺序和速度也符合上述特征，呈现出有快有慢、有早有晚的趋势。

人的身体素质随着身体的生长发育而不断增长，增长速度也各有不同。按照达到顶峰及平稳发展期的时间对所有素质进行排序，依次是：速度、灵敏、柔韧、耐力、力量、速度耐力、力量耐力。身体素质按照上述顺序增长，与人的身体发育速度息息相关。众多素质中速度和灵敏的增长速度最快，最早进入稳定发展期，这主要是由神经系统的发育决定的，人体进入青春期后，神经系统的发育速度最快，所以速度和灵敏自然也就增长得最快，最早达到峰值。

决定人体力量是否强劲的关键要素是肌肉细胞是否足够粗壮、肌肉的生理横切面积是否够大。而人体生长发育的程序性特征表明，人体各组织长度的发育往往比围度、宽度的发育更快，且更早达到高峰期和平稳期，也就是说，人的身高发育比体重发育早。人体进入青春期后，其身体各组织的长度（骨骼、身高等）优先快速生长，此时肌肉细胞细长、横切面积小，力量素质自然会比较差；当身体长度的生长速度达到高峰并开始减缓以后，各组织的围度和宽度开始进入快速生长期，使肌肉细胞开始变得粗壮，横切面积不断增大，进而变得越来越有力量。由此可见，力量素质的发展是一个比较漫长的过程。

速度耐力与力量耐力的增长必须以无氧代谢能力的增强及力量素质的增长为前提。人体进入青春期后，虽然身体各方面的机能都在飞速发育，新陈代谢旺盛、生物氧化迅速、氧气需求量大，但是血液中的血红蛋白与肌肉中的肌红蛋白的数量都比较小，心肺功能发育还不完善，无氧代谢能力相对较弱。因此，速度及力量方面的耐力较差、增长速度较为缓慢，在所有身体素质中发展速度最慢。

2. 不均衡性特点

人体青春期阶段，各身体组织的生长发育速度具有顺序性和波浪性特征，也就是说尽管人体的所有组织部位都在发育，但发育的速度有快有慢，进入稳定期的时间有前有后。这种生长发育的程序性特征具有如下三个规律。

（1）头尾规律。在人体发育的两个高峰期中，第一个高峰期是1岁之前，由头大、躯干长、四肢短小的新生儿快速生长为各身体组织发育平衡的孩童，这一阶段人体身高和体重取得飞速增长。第二个高峰期是青春期，这时身体各组织的长度（身高）快速生长，但头部发育非常缓慢。人体发育成熟后通常头部占整个身体比例的12.5%，躯干短，下肢长。综合人体的全部发育过程可以发现，人体各组织的生长程度从少到多依次为：头部—躯干—上肢—下肢。

（2）向心规律。通常情况下，人类7岁后的身体发育基本都会按照从肢体远端到近端（双脚—小腿—大腿—手部—胳膊—躯干）的向心规律顺序进行生长。

（3）高重规律。人体的生长发育具有程序性，各组织长度的发育通常会比围度和宽度发育得更早，也就是说骨骼的成长先于肌肉，人在成长过程中往往先增长身高，再增加体重，这也就是为什么很多青春期的孩子看起来瘦瘦高高，像缺乏营养一样。

3. 统一性特点

人类身体和心理各方面的发育具有不均衡性，但都遵循由量变到质变的转化规律。生理机能水平的高低很大程度上取决于身体结构的发育，而人体各项素质的高低在运动能力的层面上则直接表现为身体结构及生理机能的发展水平。人体生理机能和各项素质的增长一定会伴随着心理层面的发展。这些要素之间协调统一、互促互进，具体表现如下。

（1）身体结构、素质及生理机能三者之间的增长速度紧密相连。身体结构、生理机能的生长速度加快，则各项素质的增长速度随之加快，反之亦然；当两者进入稳定期后，身体素质也同样进入稳定期。进入青春期后，人体各项素质飞速增长，特别是女性的增速惊人，在 12 岁左右各项素质就已经基本发展成熟。过了青春期，人体素质的增长速度会随着身体各项机能生产速度的减缓而减缓，当身体停止发育时，各项素质的增长也随之停止，保持长期平稳状态。

（2）身体素质与身体结构之间的发展存在某种内在关系。将人体生长发育两个高峰期中的身高、体重、胸围等关键身体结构要素与人体各项素质的发展比例放在一起，通过详细对比分析能够明确得出：第一高峰期中组织长度（身高）的增长速度要比第二高峰期的增长速度快。

（二）青少年体质的现况

随着我国改革开放的不断深入，经济越来越发展，人民生活水平不断得到提高，青少年生长发育加速，青春期提前来到，青少年体质可以概括为以下两个方面。

1. 青少年的身体素质

在当今我国青少年的身高、体重、胸围加速增长同时，青少年体质却在全面下降。如果学生的身体素质和机能出现了下降，他们一生的健康都会受到影响，甚至会引发心理健康问题。此外，精英阶层的能力决定了中国社会在未来发展中的整体国家竞争力，许多精英阶层人物在学生时期成绩都较为优异，如果这一时期他们的身体素质较差，很可能没有好的身体去应对未来社会环境的激烈竞争。

2. 青少年的身体形态

大量青少年进入到肥胖人群的行列，说明人们并没有进行合适的社会行为，另外，肥胖除了给人带来健康问题之外，还极大地浪费了社会资源。生活方式和思想观念在社会发展到一定阶段后一定需要重视和改变。过度的肥胖会给人的身体造成负荷，从而产生疾病，同时也不利于心理的发展，可能会造成人往后生活中的经济损失和健康隐患。

青少年的体质影响着国家的竞争力。学习能力强但身体素质差的孩子在国际竞争当中很难扛起民族振兴的重担，因此，体育的正确理解是十分重要的，体育应当受到大力推进，学生身体素质教育是学生体质健康的根本保障。

　　面对我国青少年体质下降，需要增强青少年体质、促进青少年健康成长，进一步加强青少年体育、增强青少年体质，对于培养中国特色社会主义事业的合格建设者和接班人，具有重要意义。

　　健全学校的体育工作机制，使学生能够有时间和机会去参与体育活动，同时，学校可以举办体育竞赛或活动、对学校的体育师资队伍进行加强建设，建设青少年体育网络，使家庭、社区和学校三者都能够参与进来，培养学生的健康良好生活方式，对学生进行教育，使其对体育运动充满热爱和崇尚，在学习生活中也能对体育活动有所重视。

二、体育教学中的教师——主导

（一）体育教师角色的变化

　　教师的角色特征随着社会的变化，而呈现出累积性的发展，有着外延缩小而内涵扩大的演变规律。教师在原始社会是长者角色，而在奴隶社会和封建社会，教师则是文化知识者角色，经过工业社会的知识传递者角色，到了信息社会，教师成为促进文化知识的传播者。社会在长时间进程中对教师给予过高的期盼，促使体育教师有了自身的角色意识，使其过度注重自身的工作担当、自身行为和态度，教师的自身角色定位，使得体育教师在学校中以此为基础来开展工作，对自身的行为和思想进行过多约束，这是不应该的，必须改革。

　　当前，国内外课程改革受到了建构主义教学理论的很大影响。在这一理论中，人并不是被动地接受知识，在学习知识时，人是结合自己的经验进行建构。对于学生教师，应当促使其建构自己的知识体系，而不是单纯地复制知识；教师的教学应当让学生以塑造新的知识信息为目的，使学生能够主动创造；教师应当在互相矛盾的事物中进行角色表现，从而让学生产生不平衡的认知，以此来对学生的思维进行引导，使其发现问题、反思问题；教师应当引发学生的思考，通过开放式教学参与到学生的探究中，不断地更新课程理论，使得课程环境产生变化，使学生从独立学习到合作学习、单方面发展到全面发展、接受学习到探究学习、被动学习到有计划学习、单向传递到多向传递的转变。

（二）体育教师的主导性体现

　　关于主导的含义，概括起来主要有五个方面的理解：一是指主导属于对立哲学范畴，在矛盾中指对立双方的决定和主要方面；二是指主导在传统教学论术语当中发展而形成现代教学论术语，启发和主动地推动指导；三是指教学过程中主要的矛盾是教师和教材之间的矛盾，学生与教材的连接是通过教师这一中介，这一主导作用就是中介作用；四是指主导就是领导，主要是由于教师会对学生以及知识的认识途径、认识质量和结果起主导作用，教师是主要负责人；五是指学生的学习态度直接决定了教学成效，在教学当中，教师的主要任务是辅佐学生。

学生的主体性与教师的主导性相对应。在教学过程中，教师的主要责任和地位是主导性的表现，而主导性又包括对学生的诱导、领导和指导等。

1. 主导性的内容

（1）将体育教学指导思想贯彻到实践中。在时代发展的同时，体育教育也在发生变化，体育教材和实际教学是这一变化的直接体现。将指导思想贯彻到教学过程中是体育教师的重要任务之一，在这一过程中，体育教师是主导者。

（2）选择教学内容并加工教材。体育教师能够成为学生与体育教材之间的中介，其重要任务就是选择并加工合适的体育素材，使其成为一套教材。体育教师应当结合学科与社会要求和学生需求搜集教学素材，寻找最合适的教学内容。

（3）选择的教学手段和方法应当适合学生。教材对相应的教学手段和方法有一定要求，这一要求会对体育教学方法选择的正确与否产生直接影响。教师应当灵活地运用教学方法，设置教学情景，使学生能够更好地理解并加以学习。在对体育教学方法的选择和运用过程中，教师是主导者。

（4）评价体育学习结果。教师应当评价学生的学习效果和学习态度，以此来激励学生，从而形成最终的综合性评价，在评价中，应当结合学生之间的自我评价和互评。在体育学习评价这一过程中，体育教师是主导者。

（5）创造与学生相适应的体育教学环境。体育教学对环境的要求较为特殊，整体环境应当安全并且美观舒适。在这一环境中，教师可以创造良好的教学情景，使学生能够更好地掌握知识和技能，在体育教学环境的创造中，教师是主导者。

2. 主导性的条件

要有效凸显教师的主导地位、充分发挥其主导作用。首先，要明确教学目标，只有确立了清晰明确的目标，才能有针对性地开展教学活动；其次，要明确主导对象，只有符合教学对象发展特征、需求及实际情况的教学方案才能真正发挥作用，保证教学质量；最后，要明确教学路线，为教学活动提供依据和方向。这要求体育教师必须具备以下三个条件。

（1）知识要求。体育教师在知识掌握的深度和广度方面都有明确的要求，具体表现在以下三个方面：

①基础知识方面，要博物多闻，掌握尽可能多的科学和人文知识，尤其是在新媒体技术应用日益广泛的教学现状下，体育教师不但要熟知电脑、图文处理、常用语言等应用性知识与技能，同时还要熟悉美术、舞蹈等艺术类知识及逻辑推理、科学研究等方法类知识。

②教育知识方面，需要对教育学、心理学等现代教育知识有全面深入的研究和领会，精准把握教育发展的规律，明确不同阶段学生的发展特征及需求，且能熟练掌握、灵活运用各项体育教学方法。

③专业知识方面，要专而精，通晓各类人体生物学科理论及体育相关发展历史、操作原理、方式方法等。上述知识内容要按照"金字塔"形式逐层夯实，形成一套密切相连、相辅相成的科学知识体系，为高成效开展体育教学活动提供保障。

（2）能力要求。体育教师需要具备的能力主要包括以下四点：

①组织管理能力，要能根据教学目标和学生发展特点有针对性地制订切实有效的教学内容，在课堂和课外活动中还要注意劳逸结合、寓教于乐，有效调动起学生的积极性和主动性，这些都需要组织管理能力的支持。

②表达能力，需要灵活、有效地借助各种语言、肢体动作和图标等形式，深入浅出、清晰准确地传达教学内容，让学生快速理解。

③体育科研能力，要善于发现、研究并采用科学有效的创新手段来有效处理教学活动中遇到的各种问题。

④熟练应用现代化教学技术的能力。

（3）素质要求。体育教师具备的素质要求主要包括以下三个方面：

①要有殚精竭虑的奉献精神和以身作则的社会责任感。

②要紧跟时代发展步伐，树立终身学习意识，不断充实自身的知识、技能等素养。

③在行动上要脚踏实地，在思想上要高瞻远瞩，以推动学生身心健康发展、帮助学生树立终身体育意识为目标兢兢业业地当好学生成长道路上的"引路人"。

三、体育教学中教师和学生的关系

教师的主导性在体育学习中也可以被认为是指导性，主要指教师指导学生学习的强度和质量。学生的主体性是指学生在学习过程中拥有自身的学习目标和学习动力，而目标的清晰和前进动力的强大之间的连接，能够促进整个学习过程。

（一）主导性和主体性的统一

学生的主体性学习能够在教师的良好指导下更好地发挥出来，在学生与教师的互动过程当中，教师的正确指导结合学生的积极学习能够极大地促进整个学习过程。如果学生在学习中缺乏积极性，则体现出教师指导方式的不恰当和不正确。同时并不能够对立地看待学生的主体性和教师的主导性。过分地强调学生的主体性是对学生的暂时放任，这种教学方式不能够使教学目标长远发展，虽然课堂氛围较强，但学生的学习目标并没有指向性，许多危险因素依然存在。如果一个课堂被指责教师指导性过强，反而说明教师并没有较强的主导性。如果学生的积极性并没有被调动起来，那么教师的主导是无效的。另外，应当正确认识体育教学中的纵向师生关系，防止课堂中产生放任现象。社会对教师和学生的定位直接决定了体育教学中纵向师生关系的存在；而这一关系的存在使得在师生关系当中，教师处于中上位并占据主导地位。

教师应当积极热情地对学生进行指导和关心，给学生提供各种教学服务，让学生在教学中能够获得帮助，同时，教师还要为学生制订有针对性的学习计划和学习策略，教师应当积极地成为学生的朋友。但是教师授业解惑这一职责的重要性也是绝不能忘记的，教师是传授和管理知识的主体，不应当削弱和动摇教师在整体教学过程中的主导地位和主导作用。

（二）主导性和主体性的相辅相成

一方面，从词语方面来看，主导性和主体性是不对称的，若想让主导性和主体性产生对称关系，可以将一个共同的前置词放到他们的前面：在体育学习中，教师的主导性体现为对体育学习的主导性，学生的主体性体现为其在体育学习中的主体性。以此种方法产生的对称十分自然，教师和学生之间的互动关系也自然而然地体现出来。

另一方面，人们往往不能够正确地认识师生的关系，主要是由于人们往往会对立地看待教师与学生的地位，对一方的地位过于强调而忽视另一方的重要性。从根本上来说，只要教师能够将其主导性发挥出来，学生就能够体现出自己学习的主体性。而如果学生没有充分地体现出自身的主体性，那就说明教师并没有很好地发挥自己的主导性。两种性质会多方面影响师生关系对学生的影响：影响学生对课堂的整体兴趣，影响学生的全面发展，影响学生的学习效率、情绪和效果。因此，体育教师不仅仅要注重自身的工作作风和思想品德，还要提高自身业务能力，争取在课堂中塑造和谐的人际环境。

第二章　体育教学方法及其改革策略

第一节　传统体育教学的主要方法

一、传统体育教法

（一）语言教学法

所谓语言教学法，是指教师通过语言方式来描述体育知识、文化、动作要领、技术构成、教学安排等一系列活动要点的方法，学生通过对教师的语言的理解，逐步掌握知识的要点。

1. 讲解教学法

讲解教学法，是指教师通过讲解来展开教学活动内容。讲解法一般用于体育理论的教学，体育教师需要注意学生所处的认知能力和知识水平。如果讲解的深度和难度超出了学生认知能力的范围，让大部分学生感到难以理解，则说明教师阐释的方式或者选用的教学内容不适合学生。讲解法的使用要注意以下要点。

（1）明确讲解的内容和目标，要突出讲解内容重点和难点；讲解要有较强的目的性和针对性，也就是说在讲解之前就已经预设好讲解将要达到什么样的目标，以便于在讲解过程中对课堂的整体方向有所把握。避免信马由缰、脱离主题地讲解，这样往往使学生无法理解教师的用意，浪费了课堂的宝贵时间，导致课堂效率过低。

（2）保证讲解内容的准确性。教师要有科学严谨的教学态度，高度重视讲解内容，尤其是体育历史文化、专业术语的解释、技能方法的描述要准确到位。

（3）注意讲解的形式要简单明了、生动有趣。任何繁冗拖沓、枯燥乏味的内容都容易让人产生厌倦的感受，因此教师要善于利用图片、视频与语言讲解相配合，同时采用多样化的表达方式，将知识点描绘得更加形象自然，加以肢体动作以促进学生对语言描述的理解。

（4）讲解要由表及里、易懂易学。对于同样的知识点不同的教师进行教学的效果往往会产生一定的差异，产生这种差异性最主要的原因就在于教师引导学生进行理解的方式。优秀的、有经验的教师往往更善于通过对比、类比、递推、递进式提问等形式来启发学生的想象思维和主动思考，促进学生对于知识的敏感性，能够发现知识之间的内部联系，并形成自我的认知能力和属于自己的知识体系，并且能够灵活地完成对知识要点的迁移。

（5）注重讲解的知识在逻辑上的先后顺序以及它们之间的内在关联性，以便于学生能够更快地完成对知识的掌握并形成较为稳定的知识体系。

2. 口头评价法

作为体育教学中的教学方法之一，口头评价是最为快速和直接的一种评价和提醒，它不拘泥于某个具体的时间点和地点，既可以在课堂中，也可以在一节课结束之后进行，体育教师对学生的学习和练习以及获得的学习效果进行简要的、概括性的点评。口头评价可以按照评价的性质分为积极评价和消极评价两种，具体如下。

（1）积极评价——带有肯定、表扬和鼓励的性质的评价。

（2）消极评价——由于学生的表现不够理想，具有一定的批评和鞭策作用的评价。由于该评价是以批评的性质为主，因此教师要尤其注意沟通的技巧，注意措辞的方式，就事论事，既要让学生充分认识到自己的不足之处，又要保护学生的自尊心。

3. 口令、指示法

口令、指示的语言凝练，短促有力，因此在体育教学的实践中教师可以适当通过口令指示给予学生一定的知识，这种方式尤其适用于体育教学中的动作教学。口令、指示法的应用有以下要求：

（1）发令的声音要清晰、洪亮；

（2）注意使用口令、指示法的时机；

（3）注意口令和指示发出语速和节奏，太快了学生跟不上，太慢了会削弱其力度和有效性。

（二）完整教学法

完整教学法在体育教学中有着较为广泛的应用，其主要应用于教学实践课，重点强调体育教学过程中要完整地、不间断地对整个技术动作的过程进行展示，使学生从整体上产生对动作的整体概念和印象。完整教学法在体育教学中的应用有以下几点需要引起注意。

第一，完整展示要及时。在通过语言讲解之后，要尽快进入整体展示的阶段，保持学生在认知上的连贯性，在语言讲解和整体展示的连续的、双重作用下，促进学生对技术动作有一个正确的把握。

第二，前期的动作练习要适当降低难度。对于难度系数稍大的动作，教师可以先降低动作的难度和要求来引导学生完成完整的动作流程，然后逐渐增加难度，待学生比较熟悉动作流程之后再按照标准动作的要求来完成整个动作的学习和练习。

第三，对动作的各个要素进行全面的解析，而不是仅仅局限于将动作连续地展示给学生看。这里的动作要素主要包括动作的发力点、支撑点，用力的方向、大小以及所有影响动作标准的细节因素。

（三）预防教学法

学生的体育学习和教师的体育教学一样也是一个开放性的过程，因此其受到各种因素干扰的可能性较大。除此之外，学生的理解能力、认知水平、身体的协调性和体能素质等各方面的条件也存在较大的差异性，要求所有的学生都能够迅速掌握体育知识和动作的要领显然是不现实的。在学习的过程中学生不可避免地会出现各种各样的错误，这就要求教师要注意观察学生的动作练习的情况，总结出其中的规律性，指出错误发生的根本性原因并予以纠正。预防教学法正是针对学生的错误认知、错误动作这种现象而提出的一种具有预防、阻断效果的教学方法。应用预防教学法有以下要求：

第一，体育教学中，在前期的讲解过程中要不断强化正确的认知，并对易于出错的地方予以强调，避免对动作的理解产生歧义和不正确的认知。

第二，教师在正式上课之前要对可能出现问题的地方进行预估，然后设计出一套比较完善和高效的解决方案，这样可以节约上课的时间，提高教学的效率。

第三，可将口头评价的教学方法综合运用到实际的教学过程中，提示学生在关键的时候不要犯错误。

（四）直观教学法

直观教学法是通过给予学生的视觉等感官以刺激来促使学生对体育知识产生深刻的了解，直观教学法的优势和特点是直接、生动、形象，因此产生的效果往往也更具有震撼力和持久性。体育教学中有以下常见的直观教学法。

1. 动作示范法

动作示范法指在体育教学中，教师通过对教学内容的动作示范，来帮助学生熟悉动作的结构和动作的要领，同时对该技术动作有一个整体上的、比较形象化的了解。应用动作示范教学法应注意以下四点。

（1）明确示范目的。在示范之前，要明确示范的目的是什么，通过动作的展示，要使学生达到什么样的学习效果。

（2）动作的示范要标准连贯。因为教师的演示就是学生学习和模仿的参考，所以教师的示范必须正确，否则一旦学生形成错误的动作习惯，对其后续的学习会带来许多麻烦与不便。

（3）注意要选择合适的示范位置和角度。这样做的主要目的是要使所有的学生都能清晰地观察到动作示范，从而对技术动作产生一致性的、准确的理解和认识，为了实现该目标，教师可以选择从多个角度来进行多次示范等方法。

（4）将示范与讲解相结合。通过示范、讲解两种方式的配合，调动学生的听觉、视觉和触觉等多个感官的功能，使学生对于技术动作有更为深刻的理解和认识。

2. 案例教学法

案例教学法，就是在体育教学中用反向对比和类比等方法来列举例子，让学生能够更好地理解所教授的内容。案例教学法有如下的具体要求：

（1）案例的选取要适合，确保能够产生目标要达到的加强、对比等方面的作用。

（2）选取有关战术配合的案例时，其案例的分析要尽量详尽一些，并且要注意从攻和守两个角度来进行分析。

3. 多媒体教学法

多媒体教学法在现代体育教学中的使用越来越广泛，与传统的板书教学最大的区别和优势在于：多媒体教学可以形象生动地将教学内容展示出来，通过动画和视频演示、慢放和定格等操作，可以将每一个动作的每一个重点和细节都精准地定位、展示和分析，从而使学生对动作技术有更加快速、清晰、深刻的认识，这是传统的肢体示范和口头讲解都无法实现的。需要强调的一点是，多媒体教学法的运用需要多媒体教学设备等硬件条件的支持，也需要教师具备多媒体操作技能作为软件方面的支持。

4. 教具与模型演示

利用教具和模型等实际物体来辅助体育的教育教学，使学生对于技术结构的理解会更加简便和轻松。其中需要注意以下要点：

（1）根据教学内容的实际需要提前将教具和教学模型准备好。

（2）教具、模型的展示要全面到位。尤其是对器材进行具体的介绍和讲解的时候，可以让学生近距离地观察和体验。

（3）使用过程中要注意保护教具与模型，使用完之后要小心地收纳到指定的容器内，并放置到安全的地方以防损坏。

（五）游戏教学法

游戏教学法，指教师通过游戏娱乐的方式促使学生对体育知识要点的掌握。该教学方法应用比较广泛，可用于各个学习时期尤其适合于低龄的学生。其最大的优势在于可以极大地调动学生的学习积极性。在进行游戏教学法的过程中需要注意以下方面：

第一，注意游戏的设计其所涉及的行为方式、思维方式都应当与所教授的内容具有较高的相关性。

第二，游戏的设计和选择要注意学生的兴趣和偏好。应选择学生感兴趣的内容、方式。

第三，在游戏开始之前，教师要讲清楚游戏的规则和游戏的目标是什么。注意游戏规则、目的的讲解。

第四，在开展游戏的时候，鼓励学生要尽力而为，队友之间要形成良好的合作。

第五，在游戏过程中，教师要扮演好"警察"的角色，对于犯规的学生要给予一定的惩罚。

第六，游戏结束后，体育教师要问问学生的感受如何，同时对学生的表现给予中肯全面的评价。

第七，在整个游戏教学的过程中教师要提醒学生注意安全，提醒并禁止具有安全隐患的行为。

（六）分解教学法

分解教学法是与完整教学法相对的，更适合于高难度的运动项目。分解教学法的主要优势为分步教学，它将原本很复杂的动作变得更容易理解和模仿，从根本上降低了技术动作的难度。具体来说，分解教学法的应用需要注意以下方面：

第一，科学地选择技术动作分解的节点，不要破坏整个动作的连贯性。

第二，注意依次教学和加强衔接练习。对于分解后的各个部分要按照其先后顺序进行练习，之后还要将各个环节的衔接处结合到一起，并对此作专门的强化练习。

第三，将分解法和整体法相结合运用，可以获得更好的教学效果。

（七）纠错教学法

所谓纠错教学法是指在实际的教学过程中教师发现了学生发生了在理论认识和动作练习上的错误之后及时纠正的一种教学方法。其中动作错误主要体现在对于动作理解上的偏差而导致的错误，或者是由于不够熟练，达不到标准的技术动作，针对不同的情况教师要对此加以分析采用不同的引导方式。纠错教学法有以下具体的应用要求。

第一，纠错时，要反复重申正确动作的关键要点，要使学生真正明白错误动作产生的原因在哪里，这样才能帮助他们及时改正，而且不会出现反复重犯的现象。

第二，必要的时候可以使用一定的外力帮助学生对于技术动作形成正确的本体感觉。比起预防性的措施，纠错具有较强的针对性，因此教师必须能精准分析错的源头，才能给出最为合理和有效的解决方案。

（八）竞赛教学法

竞赛教学法就是通过组织各种比赛来促进体育教学的一种方法。竞赛教学法可以提升学生各方面的综合能力，是一种比较理想的训练方法和教学方法。具体来说，比赛可以增加学生运动技能的实践经历，使得那些高难度的动作和技战术不是纸上谈兵，同时还可以锻炼学生的团队协作能力，以及面对突发状况的心理调适能力和应对问题的能力。竞赛教学法是体育教学当中具有特殊优势的一种教学方法，对于提升学生的心理素质、竞技水平以及他们的身体素质都有着不可取代的重要作用。关于竞赛教学法，应用时需注意以下四点。

第一，具有明确的目标。一般是通过竞赛提升学生相关运动项目的技能水平，明确竞赛目的。通过足球运动竞赛切实提高学生的足球运动技能水平。

第二，合理分组。各个对抗队的人员实力要处于不相上下的水平，这样才能通过激烈的竞争获得共同的提高。

第三，客观评价。教师要密切关注学生在竞赛过程中的表现，既要从整体上把握，又要看细节的处理，只有做到这一点才能给学生以最客观和中肯的评价，从而使学生能够清晰地意识到自身的优势和不足，促进他们获得进一步的提升。

第四，竞赛教学法的前提条件是学生对于运动项目有一定深度的理解，并且已经熟练掌握相关的技术动作，这样可以有效避免出现由于不熟练带来的运动伤害。

在这里，我们只列举了一部分的体育教学方法，对于每一位体育教师而言，不能仅限于某一种教学方法，而是应当不断地尝试和学习新的教学方法，并结合教学的实际情况科学、灵活地选择和组合。这样可以显著提高体育教学的质量。

二、传统体育学法

（一）自主学习法

自主学习法是指学生主动发现、分析、探索，独立自主地进行体育学习的方法，但这并不意味着学生可以完全脱离教师的指导，而是要在教师一定的引导下开展的自主性学习活动。体育教师指导学生进行自主性的体育学习，应当注意以下方面。

第一，难度要适当。由于是自主性学习，学习过程以学生自己思考与探索为主，这对于学生来说并不是一件轻而易举的事，因此教师要注意根据学生的年龄阶段、认知特点，为学生选择难度适当的学习内容，保证具有一定的挑战性，但又不至于无法完成。

第二，明确学习目标。教师要为学生的自主学习制订一个清晰的学习目标。通过这个学习目标学生要清楚地知道自己要完成的任务是什么，通过自主学习，学生需要解决哪些问题以及要达到什么样的水平。

第三，学生要参照学习目标，在学习过程中学会自我调控：对学习过程有一个整体的把握；学会积累各种学习方法，并思考学习方法与运用场景之间的联系；要有创新思维，在对具体情境进行较为客观的分析基础上将已有的知识进行迁移和组合，从而创造出专属于自己的新策略。

第四，教师要对学生的自主学习给予适当的辅助与引导。学生的自主性学习并不是放任不管的无组织的学习，相反，它更是一种有计划、有目标的学习过程，在这个过程当中，教师要关注学生的学习进度，如果出现不妥当的情况，学生的学习路径或思考方式与学习目标发生偏离就需要及时给予纠正。

（二）合作学习法

合作学习法就是指在学习的过程中强调合作的重要性，强调学生之间的相互帮助和配合，通过合理划分工作任务和相应的责任，最终能够共同圆满地解决问题，达到学习目标和任务，达到教师所设定的学习目标，完成教师布置的学习任务。

第一，确立学习目标，通过该合作式学习预期要达到的效果是什么，要重点培养学生在哪方面的能力。

第二，将全部的学生分成实力相当的小组，依据任务的特点，注意将不同性格、性别、特长的学生的合理搭配，以促使学生之间的相互取长补短。

第三，确定小组研究课题，引导学生合理地进行组内分工，并探讨如何提高全组的整体的学习效率。

第四，完成小组学习任务。

第五，各个小组之间进行学习和交流，分享各自的经验的心得，通过交流和分享各个小组可以相互学习，发现自身的优势和不足。

第六，教师关注、监督和评价学生学习的过程，并帮助学生一起做好学习的总结。

三、传统体育练法

（一）重复训练法

重复训练法就是通过不断重复进行某一个训练内容来提高身体素质和运动技能的一种体育学习方法。重复训练法的核心和本质就是通过重复性的动作使得某一固定的运动性条件反射不断地得到加强，使得身体产生一种固定的适应机制，进而使学生实现对技术动作的掌握。

1. 重复训练法的分类依据

一般来说，重复训练法有两种分类方法：一种是按训练时间的长短；另一种是按照期间间歇方式来划分的。

（1）依据训练时长划分，可分为：①短时间重复训练法（低于30s）；②中时间重复训练法（0.5～2min）；③长时间重复训练法（2～5min）。

（2）依据训练方式划分，可分为：间歇训练法和连续重复训练法。

2. 重复训练法的运用要求

（1）同一动作的反复练习容易使学生产生枯燥和厌倦之感，因此教师要关注学生的情绪的变化，并适当地给予调节。

（2）注意训练动作的规范性，同时还要注意训练的负荷。

（3）强调技术动作的正确练习，如果学生连续出现错误动作应停止练习，防止错误强化。

（4）科学确立学生训练负荷、强度和频率，要依据运动项目的特征和学生的实际情况来设定。

（二）完整训练法

完整训练法就是指在整个训练过程中只完成某一个动作、某一套连贯动作或者某一个技术配合，其最显著的特征是整个训练过程流畅自然、一气呵成。完整训练法的应用注意要点如下：

第一，完整训练法比较适合于单一技术训练。

第二，如果是针对复杂的技能训练，就需要学生具有良好的基本技能的基础。

第三，在战术配合的完整训练中，教师要在战术的节奏、关键环节的把握等方面做适当的指导。

（三）循环训练法

当训练内容较多的时候可以采用循环训练法。其具体操作就是将这些训练的项目先按照一定的原则进行排序，依次完成之后回到最初的任务开始训练，不断重复所有的训练内容。循环训练涉及不同的训练内容，因此在一定程度上可以增强学生对于体育学习的积极主动性。

1. 循环训练法的分类依据

循环训练法可以按照运动负荷和训练的组织形式来划分，具体见表 2-1。

表 2-1 循环训练法的分类

分类依据	训练方法	
运动负荷	循环重复训练法	各训练站点之间间歇时间没有严格规定
	循环间歇训练法	各训练站点的间歇时间有明确规定
	循环持续训练法	各个训练站点之间是连续性的，几乎没有间歇时间
训练组织形式	流水式循环	按一定的顺序一站接一站地周而复始
	轮换式循环	各学生在同一时间点上练习的内容不一样
	分配式循环	先在站中练习，然后依次轮换练习站

2. 循环训练法的运用要求

（1）找出各个训练内容之间的内在逻辑和规律，合理安排它们之间的顺序。

（2）训练不能急功近利，而是要循序渐进，一般情况是先练一个循环，坚持训练两到三周再增加一个循环，这样学生就有一个适应的过程。

（3）注意一次训练不得超过五个循环。

（四）持续训练法

持续训练法就是无间断地、持续地进行某项身体练习的训练方法，其前提要求就是要保持一定的负荷、强度和运动的时间。

1. 持续训练法的分类依据

持续训练法的分类方法可以根据训练持续时间来划分，可分为：短时间持续训练法、中时间持续训练法、长时间持续训练法。

2. 持续训练法的运用要求

（1）持续训练法既可以用于单个技术动作也可以用于组合性的技术动作。

（2）在训练开始前，应向学生介绍具体的训练内容及其顺序安排，同时提醒需要注意的要点。

（3）持续训练过程中，体育教师要提醒学生注意训练动作的质量，并对动作的质量做出具体的要求，这样才能使持续训练获得比较好的效果。

（五）分解训练法

分解训练与完整训练是相对而言的，是从训练内容的各个阶段和环节出发，对其中的每一个部分做精细化的研究和训练，并做到各个击破，最后达到整体掌握的目的。

1.分解训练法的分类依据

（1）单纯分解训练法。把训练内容分解成若干部分，然后分别练习。

（2）递进分解训练法。把训练内容分解成若干部分，依照规律有序练习。

（3）顺进分解训练法。训练内容分解后，先训练第一部分，再训练第一、第二部分；再训练第一、第二、第三部分……步步为营。

（4）逆进分解训练法。与顺进分解训练相反，先训练最后一部分，再将前一个训练内容叠加训练。

2.分解训练法的运用要求

（1）科学分解，对于浑然一体联系紧密的部分不能强行割裂。

（2）对各个部分要做精细化的研究，以便于达到训练动作的精细化、标准化。

（3）熟练掌握各个分解部分之后，要进行完整练习加以巩固。

第二节　体育教学方法的选择与优化

一、体育教学方法的选择划分

"体育是高等教育体系中的重要组成部分，其能够对学生的全面发展起到良好的促进作用。"[a] 目前，各个学校在开展体育教学时所采用的方法十分丰富多样，且各具特点。要想将教学方法的价值真正发挥出来，各个学校体育教师就一定要重视对于教学方法的选择。具体来说，学校体育教师为体育教学挑选方法的标准主要有以下方面。

（一）依据教学目标选择划分

根据教学目标、教学任务的不同，教学方法在选择上也会存在一定差异性。目前各个学校体育教师为体育教学选择教学方法的主要依据是体育教学目标。具体来说，体育教师

---

a 赵涵颖：《终身体育视域下我国大学体育教学改革分析》，载《现代职业教育》2022 年第 22 期，第 115-117 页。

在基于体育教学目标来选择体育教学方法时，需要注意如下事项。

第一，体育教师一定要基于体育教学的总目标，来选择体育教学方法，以此来确保不管是每次课的教学目标还是总体教学目标在最后都能实现。

第二，体育教师在选择教学方法时，一定要基于本次课的教学目标，来选择合适的教学媒体以及方法。

第三，体育教师在选择教学方法时，一定要注意将教学目标进行细化，据此来对于教学方法加以确认，确保每一个小目标在最终都能实现。例如，出于组织学生对于课堂所掌握的体育技能进一步加以巩固，体育教师可对应地采用练习法、比赛法等。又如，出于引导学生学会新技能的目标，体育教师应该多运用讲解、示范、分解、模仿等教学方法。

第四，在当代社会，体育教学总目标为"促进学生体魄强健、身心健康"。学校体育教学在选择方法时也应基于此进行，决不能只为一时的收益，而放弃长远利益。

（二）依据教育理念选择划分

在选择教学方法这一过程中，教学理念具有重要指导作用。具体来说，体育教师在为学校体育教学选择方法时，应在最新体育教学理念的指导下进行，需要注意如下方面：

第一，现代体育教学深受素质教育的影响，强调以实现学生身心健康全面发展作为目标。对此，体育教师在为学校体育挑选教学方法时应坚持"以人为本"，始终都坚持将健康这一理念放在学生体育参与与学习过程中，这除了有益于保障学生可以积极主动地参与到体育学习之中，还有利于学生的"终身体育"意识的形成。

第二，体育教师在选择体育教学方法时，应该坚持以学生为主，根据学生实际需求来选取教学方法，进而确保学生的积极主动被充分激发出来。

第三，体育教师在选择体育教学方法时，应该注意强调对于学生体育意识的培养、体育能力的提升，进而来为其在走出校门、走向社会后继续参与体育奠定扎实的知识与技能基础，保证其在未来发展中可以主动参与体育运动。

（三）依据教学内容选择划分

学校体育所涵盖的教学内容十分丰富多样，为了能够保障学生很好地掌握这些教学内容，教师需要据此来选择特定的教学方法，这样才能确保整个教学得以顺利进行，学生得以深入地掌握教学内容。在学校体育教育教学系统中主要有两个构成系统——教学内容、教学方法，二者彼此之间存在十分紧密的联系。因此，教学方法在选择时一定要重视对于教学内容的考虑，操作要求具体如下。

第一，体育教师在选择体育教学方法时，一定要重视教学方法的实用性，即保证其可以切实可行地在体育教学中加以运用。例如，体育教师在教授技术动作时，应该运用主观示范法来为学生讲解该技术动作；体育教师在讲授体育原理时，应该运用语言讲解教学法来按照一定逻辑逐步为学生解释该原理，让学生得以真正理解以及掌握。

第二，体育教师在选择体育教学方法时，应该注意基于教学内容的表现方式来进行选择，以此来保证学生以极大的热情尽快掌握该种教学技术。例如，图片展示这一方法具有直观性、便捷性，多媒体教学这一形式具有生动性、细致性，不同的方式具有不同的特点，学生可以根据实际内容选择适合的教学形式。

（四）依据教师条件选择划分

在体育教学活动过程中，体育教师不光是组织者、指导者，还是安排者、选择者、实施者。因此，体育教师在选择教学方法时也同样应该对于自身的相关条件进行考虑，具体要求如下：

第一，体育教师在选择体育教学方法时，应该注意考虑该方法是否能适合自身。换句话来说，体育教师应该考虑运用这一方法是否可以将自身的素质水平、知识结构、教学能力与经验发挥出来，保证教学得以顺利进行。

第二，体育教师在选择体育教学方法时，应着重研究这一教学方法是否和自己的教学风格、性格特征契合。

第三，体育教师在选择体育教学方法时，应该与本次课教学目的以及课堂控制进行结合。

总而言之，体育教师在为学校体育教学选择教学方法时，一定要注意基于自己的特点来选择教学方法，以便扬长避短，使教学方法更具针对性。

（五）依据学生特点选择划分

体育教学所面临的群体主要是学生。如果没有学生，体育教学将会失去其存在的意义。具体来说，体育教师在选择体育教学方法首先需要考虑的是，这一教学方法是否有益于促进学生体育学习，所以一定要基于学生群体的实际需求以及特点来选择具体的教学方法。这要求体育教师既要关注学生的群体特点，又要关注学生的个体特点。具体来说，体育在基于教学对象即学生的特点来选择教学方法时，应该重点关注以下方面。

第一，就学生这一群体所具有的特点来说，体育教师一定注意把控这一群体的共性，据此来选择体育教学方法。例如，低年级学生定性较差，爱玩，体育教师就可以在教学过程中多采用游戏这一方法进行教学；高年级学生的专注力更加持久，也有了思考能力，所以体育教师可采用探究、发现法教学，引导学生在自主探究以及解惑的过程中一步一步地培养起参与体育运动的习惯以及意识。

第二，就学生这一群体的个体特点来说，体育教师应该注意关注学生与学生之间的不同，并据此来安排教学方法。

（六）依据教学环境与条件选择划分

体育教师在选择体育教学方法时一定要综合对于整个教学活动牵涉到的教学因素进行考虑。其中，尤其要重视对于客观教学环境与条件的考虑。

具体来说，教学环境不仅包含场地、器材还包含班级人数、课时数等。与此同时，外界社会文化环境的好与坏也会对教学环境产生十分重要的影响。体育教学条件包含体育教学的硬件条件、软件条件等。

体育教学环境以及条件在开展学校体育教学活动的实际过程中，人的主观意志的影响会对教学方法的选择产生十分显著的影响。体育教师在选择教学方法时，除了需要关注这些客观教学环境因素之外，还需要对于某一种教学方法所需的客观环境和条件加以充分考虑。

二、体育教学方法的优化创新

（一）体育教学方法的优化

1. 加强教学手段创新意识

在创新学校体育教学手段这一实际过程中，体育教师要想收获到良好的成果，应该在态度上给予重视，树立其科学且正确的创新意识。体育教学手段能够有所突破，实现创新，将会对现代学校体育教学能否实现创新，突破传统落实理念的制约，建立起与时代相适应的现代化体育教学模式起决定性作用。要想实现体育教学手段的创新，关键在于引导一线体育教师以及体育教学的相关管理部门对于创新可以形成正确的思维和意识。

2. 优化体育教学硬件设施

各个学校应该对于体育学科的多媒体场馆以及实验室增加资金投入以及设施建设力度，保证体育教学已经配备足够的体育教学场地、设施、器材装备，可以很好地满足当下体育开展教学的实际需要，这同时也是创新以及发展体育教学手段，使其实现现代化的基础。

学校体育教学除了要对于硬件设施的数量以及质量加以保证之外，还应强调科学且有效地对于现代化教学设备加以应用，进而确保其可以更好为体育教学实践服务。在过去，各个学校体育教师主要借助于示范与讲解这种形式来给学生传授理念、教授知识。尽管体育教师对于动作的示范以及讲解是正确且规范的，但是学生却有很大可能会因为教师示范时间过短而不能深入分析以及理解该动作的整个过程。每次在教授新技术动作之前，体育教师可以先组织学生利用多媒体技术先行观看以及分析该技术动作。例如，体育教师可利用多媒体技术的慢放功能，对于那些复杂动作进行慢放或者分解，以此来保证学生可以深入理解该动作的原理以及动作之间的上下承接关系。或者也可以利用多媒体技术记录学生练习技术动作的过程，以供教师对学生掌握情况进行分析，并对那些不足或者错误之处及时加以调整。多媒体技术可以涵盖形、声、色，这能够对学生的感官直接诉诸影响，这比传统教学方法更能对其大脑皮层的神经系统产生刺激以及激发影响，可极大程度地激发其学生的学习积极性。

除此之外，尽管部分学校也为体育教学搭建起了多媒体实验室，但在测量或者理论教学中加以运用，反而很少在体育技术教学中加以运用，这促使体育教学实验室的功能性尚未被完全发挥出来。而倘若体育教师在向学生教授体育技术时可以对于体育教学实验室加以科学合理的利用，使体育教学手段得到优化，转而成为一种结合了体育多媒体、教学实验室和室外技术实践的教学模式，将会对课堂教学效果和质量的提升产生十分重要的作用，有助于学生对于复杂高难度的技术动作的快速理解以及掌握。因此，学校体育教师在开展体育教学时，可事先组织学生观看课堂内容所涉及的技术动作，让学生对于该技术动作有所理解。

除此之外，体育教师还可借助实验室的器材设备，来让学生通过真实体会这一形式对于技术动作的特点进行更加深入的掌握。体育教师要组织学生在实际结合运用音乐媒体的练习过程中，加深对学生练习时间以及节奏的把控，让学生可以正确掌握该技术动作，并对其所具有的时空感、节奏感有更深的理解，从而保障学习效果可以得到有效提升。

3. 合理开发体育教学软件

在学校体育教学基础设施持续得到完善、优化，以及教育技术现代化得到快速发展这一背景下，当前各个学校一定要注意加大对于体育教学辅助软件的建设力度。各个学校在后续体育教学中应有意识地确保体育教学软件的开发力度可以得到进一步提升，使其得到迅速发展，可以更好地匹配于现有的硬件设施条件，从而可以将现代化教学手段的价值以及意义充分发挥出来。具体来说，体育教师在开展体育教学的实际过程中，要基于汇集计算机、投影仪、录像播放三者于一体的多媒体技术，将那些难度相对较高的动作技术制成电脑动画，以便学生可以反复多次地、慢速地、多方位地、动静结合地来观看整个技术动作的演示，如果可以再配以一定文字对于该类动作的关键部位进行解释说明，学生势必会对所学动作的技术要领以及动作结构有更加深刻以及清晰的理解与认识，这可确保学生对于正确动作快速形成概念，可极大程度地提升教学效率。

那些功能强大、全面、实操性较强的教学软件可极大程度地激发起学生学习体育动作、体育理论的兴趣。这进一步说明教学软件的开发利用在学校体育教学中有着非常重要的价值。例如，在开展篮球体能训练的实际过程中，倘若只仰仗于个人进行体能训练，或者利用多媒体幻灯片这一技术来向学校学生进行大量的理论传播，这对学生而言无疑是枯燥的，也是乏味的。反之，倘若体育教师在制作体能电子教案时采用动画或者视频等动态形式来对体能训练进行讲解，这种形式更加具有观赏性，可供学生反复进行观看，最后再辅之文字理论或讲解，这可以直接对学生的感官神经产生一定刺激，使学生在学习体育理论以及技术时带有强烈的好奇心与兴趣。具体来说，大力开发体育教学软件，除了有益于进一步优化体育教学内容、教学模式之外，还能进一步拓展以及丰富学生对所学内容的领悟路径。

此外，出于进一步丰富以及拓展资源的目的，各个学校还应该搭建起相关的网上教学资源库，以便学生可以借助校园网在教学资源库中获取到自己所需以及自己感兴趣的知识，在线自行主动地进行学习，这有利于为学生营造出一个更好适应高度互动、个性化的智能教学环境。在校园网、体育教学信息库得以建立并实现进一步改善，以及高科技产品与体育教学之间的结合更加紧密的背景下，不管是研制现代化体育教学软件还是创新与开发现代化体育教学软件和过去相比都更为容易了。由此可见，加快、加大开发体育教学软件的力度，对创新以及发展体育教学手段的现代化都具有极其重要的意义。

（二）体育教学方法的创新

1. 准备活动的方法创新

准备环节是学校体育教学的重要环节之一。好的准备活动可确保学生不管是身体机能还是心理机能都可以快速进入准备状态，极大程度地降低了运动损伤的发生概率，使整个运动过程得以顺利进行。因此，体育教师在创新体育教学方法的具体过程中，应该以准备活动作为着手点，使准备方法更具创新性，让学生得以放松身心，为后续教学的顺利进行提供保障。

具体而言，准备活动通常可分成两种形式：专项准备和一般性准备。体育在一般性准备活动中，可通过游戏的形式激发起学生的参与热情，保证学生大脑的兴奋性得以提升。例如，可以采用以"贴人""报数"等为代表的过程简单、组织便捷的且具有极强灵活性的游戏，引导学生的身心得以迅速处于一种准备状态。而在专项准备活动中，体育教师也可基于教学内容适当引入一些与之相关的内容。例如，体育教师可在开展投掷类运动之前，开展一个传球游戏，既可以让学生放松身心，激发起学生学习的热情；又可以让学生做好热身，可极大程度地避免运动损伤的发生，进而得以为后续教学的顺利进行做好铺垫。

2. 课堂教学的方法创新

体育教师将创新理念融入学校体育的实际教学中，一方面可使整个课堂氛围更加生动活泼，使原本十分枯燥且单一的训练充满乐趣；另一方面又可将学生的学习热情尽可能地激发出来，使学生不仅可以深入理解相关理论，还能尽快掌握相关的运动技能，进而最终促使整个教学可以取得十分理想的成效。

3. 结尾阶段的方法创新

对于结尾阶段方法的创新同样不应忽视。体育教师如果在实际开展学校体育教学的过程中可以很好地对于结尾阶段的方法进行创新，为整个教学留下一个美好的结尾，会让学生产生一种乐不思蜀的感觉，这无疑不管是对于学生运动习惯的养成，还是运动意识的形成都具有十分重要的作用。在体育教学中，结尾阶段在整体教学过程中所扮演的作用不容忽视，除了可使学生原本处于不平静状态的身心机能得以迅速恢复，还能为学生后续的深入学习做好准备。对此，体育教师在进行创新时，一定要以学生此时所具有的特点以及需求作为指导，大胆对于方法进行创新，以此来保证教学在结尾处可以得到升华。

具体来说，体育教师可以安排一些旋律、节奏都较为舒缓的音乐，再配合一些相对较为舒缓的动作，引导学生的机能状态可以逐渐趋于平静。除此之外，体育教师还可以尽可能地对于结尾时的教学形式进行丰富，可引入瑜伽、太极以及健美操等运动项目的动作，保证学生的学习兴趣得以激发，确保创新可以实现。

4. 游戏形式的方法创新

游戏法是学校体育教师创新体育教学方法的重要形式之一。这种方法相对其他类型的教学方法，更具娱乐性，可保证学生的热情得到提升，是当下较为理想的教学方法之一。因此，体育教师也应在创新教育理念的指引下对于游戏方式适当进行革新，以此来引导学生在游戏中逐渐健全自身的人格、提升自己的智力、发现自己的潜能，进而将体育这一学科所具有的价值极大程度地发挥出来。

例如，大学生不管是判断力、观察力还是想象力、反应能力都是极强的，游戏可以很好地将学生的智力展现出来。因此，体育教师具体在开展学校体育教学时一定要注意为学生留有一定的空间，以便学生可以根据教学实际设计出一些更具趣味性、创新性的游戏，进而引导学生间的竞争性得以增强，推动学生可以更好地实现全面发展。

第三节　体育教学改革发展策略分析

一、体育教学思想的改革策略

（一）将体育教学与社会需要相结合

在对体育教育目标、体育教学目标与体育教学内容进行确定的过程中，通常是基于国家的相关规定和教育发展的相关需求。"体育不仅可以锻炼学生的体魄和体育素质，还可以在实践活动中培养学生良好的行为习惯和体育观念。"[a]体育作为我国高校学生必修的一门课程，同时也是国家教育方阵中的一个重要组成部分之一，应该要始终为培养国家所需人才的过程服务，并且有一点是需要强调的，即对于社会的需要应优先考虑。

（二）将体育教学与身心发展相结合

从本质上来讲，体育教学的过程就是学生身体教育的过程，之所以这样主要取决于体育学科本身的性质。而我们这里所说的育心，通常是指在体育教学实践活动开展的过程中，便于不同形式的身体练习活动与不同内容的身体练习活动紧密地联系在一起，从而有效培养学生的心理素质与思想道德品质等，同时使学生的身心得到愉悦，情操得到陶冶。

我国高校体育教学的根本任务就是使学生身心全面发展得到促进，而体育教学的首要目标就是使学生的健康得到增进，体质得到增强。同时，在对学生心理健康发展起到促进作用的问题上，尤其是要对学生的思想品德教育加强重视。应该在体育教学的实践活动中，对学生爱国主义思想、集体主义思想、助人为乐精神、团结协作精神、遵守纪律意识、服从指挥意识、维护公德、爱护公物等多样品质素养进行培养。

在我国社会主义市场经济逐步建立以后，优胜劣汰的机制得到人们的广泛认可与应用，每一个领域中都有矛盾与激励竞争的存在，对于社会整体运行节奏的加快起到了直接的促进作用。人们从现实生活中所获得的认识是非常深刻的，也就是说如果高校培养出的学生，自身不存在现代人应有的心理素质，那么未来想要他们能够在现代社会立足是非常不容易的，更不要说获得事业成功了。所以，在高校体育教学开展的过程中，应该加强培养学生的心理素质，主要包含的内容有：自信心、自尊心、意志品质、竞争和创新的意识

---

a　刘义红：《高中体育教学中终身体育意识的培养策略》，载《田径》2022 年第 6 期，第 68—69 页。

与能力、果敢沉着的精神、团结协作精神、开拓进取精神、自我心理调节能力与自我控制能力等等。

高校体育培养学生的心理素质是其他学科不能与之相比较的,具有十分重要的意义。伴随我国社会经济的不断进步与发展,将体育教学和育心结合在一起的举措也必定将会得到越来越突出、越来越鲜明的体现。

(三)将增强体质与终身体育相结合

高校体育的本质功能就是使学生的健康得到增进,同时使他们的体质得到增强,同时,这也是对于我国体育工作进行评价的重要依据。所以,在我国高校体育教学中,对学生身体素质的发展与运动项目的安排等问题一直比较关注。

然而,近些年来,伴随我国体育教学改革的逐步推进,在对高校体育健身价值逐步重视的同时,对于高校体育的长远效益也开始重视,也就是说,建立学生终身体育的良好基础,人们的这一认识尤其是在1995年颁布了《全民健身计划纲要》以后,更加坚定、深刻。在《全民健身计划纲要》中对学生终身体育的开展,使学生的体育意识、体育习惯与体育技能得到培养的问题进行了明确。而对于终身体育基础而言,主要包含了体育运动终身开展的兴趣、意识、能力与习惯,使学生即便是走出校门、迈入社会也能够科学地、自觉地开展身体锻炼活动与健康的身体娱乐活动。在体育教学的实践过程中,应该加强学生体育运动意识、兴趣、习惯能力的培养,不仅要保证学生身体素质的发展和自身体质的增强,还要培养学生的体育运动意识、兴趣、习惯和能力,同时,将二者紧密地结合在一起,同时,值得注意的是,此种结合方式集中展现了它同高校体育之间的差异所在。

二、体育教学内容的改革策略

(一)将健身性与文化性相结合

在对体育教学内容进行选择、确定的过程中,对于活动内容的健身性需要首先进行考虑,也就是所谓的健身价值。然而,如果想要达到健身的目的就要进行运动实践,体育教学的内容通常以实践性内容为主。

对于高校体育教学内容而言,其健身性和文化间所具备的相容性是非常强烈的。许多体育教学内容在具备较高健身价值的同时,还存在较高的文化价值。在体育教学实践开展的过程中,应该基于学校的办学条件与学生的实际情况,有机地将二者紧密地联系在一起。如何促进体育教学内容文化性和健身性之间的关系,如何处理好体育理论学习与体育运动时间之间的关系,都是值得体育教育教学工作者们进行深入探讨的问题。

（二）将统一性与灵活性相结合

如果体育教学的基本任务与基本要求能够相互统一发展，那么体育教学也要增强自身的灵活性。在群众体育竞赛活动、课外体育活动、课余体育训练活动中，高校通常会按照《学校体育工作条例》精神的指导，参考各自的具体情况，对于内容自行选择，对于项目自行确定。

将统一性和灵活性结合在一起，能够将我国高校不同的情况与不同的需求反映出来，这对于我国各高校在完成国家要求的学生体育基本素质的情况下，开展特色化教学是非常有利的，能够在一定程度上促进自身传统运动项目与优势运动项目的形成，同时，还能够在一定的条件下，使学生的不同体育需要得到满足，使学生的体育特长得到发展。

（三）将继承性与时代性相结合

社会文化得到发展的另外一个特征就是继承性和时代性结合在一起。如果不存在继承，那么任何一种事物都不能得到维系，可以说没有继承就不存在发展。作为社会文化主要构成内容之一的体育，也是如此。现代体育是对几千年来人类所创造的优秀体育文化的继承，并且得以发展。

从体育内容上来讲，我们能够同我国学校实际相符，存在较好健身效果，组织开展方便、学生乐于参与的内容，例如，武术运动、篮球运动、足球运动、羽毛球运动、乒乓球运动、体操运动、游泳运动，以及其他的一些具有地方特色和民族传统的体育运动项目。

从外国引入的舞蹈运动、网球运动、艺术体操运动、韵律操运动、健美操运动等，使学生获得了体育欣赏、休闲体育、娱乐体育、竞技体育、锻炼与营养、奥林匹克运动、体育锻炼与心理健康、身体评价与自我监督等多个方面的知识。上述的这些内容所具备的时代气息是非常强烈的，深受高校学生的广泛喜欢，使得体育教学的内容得到极大的丰富，进而使高校学生的体育文化生活得到活跃。

三、体育教学方法的改革策略

（一）将课内与课外进行有机结合

体育目标之所以能够实现的主要形式之一就是体育课，需要注意的是，体育课不是实现体育教学目标的唯一形式。除了体育课以外，体育还包含课外体育活动、早操和课间操等其他的几种形式。并且如果形式不同，那么其所具备的特点也将会是不同的，在体育教学目标实现的过程中，也会表现出不同的倾向。然而，这样的倾向是互相补充、互相联系且互相促进的，而不是互相割裂存在的。

从系统论的角度来讲，体育系统是一个具有特定功能的有机整体。主要组成部分有：课外体育活动、课间操、早操与体育课程教学活动等。作为一个人工设计的系统，如果想要使体育的整体效益与整体功能得到提高的话，就需要将课内与课外结合在一起，也就是说将课外体育活动、课间操、早操与体育课程教学等内容紧密地结合在一起，整体地进行设计。

（二）将统一安排与自主活动有机结合

对于仍处于发展中国家阶段的中国而言，高校体育教学的发展水平仍旧存在很大的上升空间，同时，体育场地器材也需要加强建设，对于这样的情况想要一朝一夕就进行改变是非常困难的，为了使高校体育教学目标顺利实现，有序地开展各项体育活动，各高校或者班级统一安排、组织、开展了运动会、课外体育活动、课间操、早操、体育教学活动等，同时，又针对不同形式的各种体育活动，在对象与情况不同的情况下，为学生留出一定的实践时间来自主活动。

（三）将严格的组织纪律与体育氛围有机结合

纪律的严格性与组织的严密性是培养学生良好学习作风与组织纪律性的重要因素，同时也是实现体育各项目标与保障安全的必要因素。在高校体育场地器材存在普遍不足的情况下，如果想要对高校体育各项活动的有序开展做出保证，就必须具备严格的纪律与严密的组织。在高校有限的师资力量、有限的教学时间与不足的场地器材下，如果想要保证体育教学的顺利开展，就需要具备严密的课堂组织与严格的纪律，进而保证力量教学效果的获得。

按照高校学生的身心特点创造出活泼的、生动的体育教学气氛。整个高校的体育氛围，从广义的角度来讲，一般是指体育育人的环境。通常体育育人环境不仅包含了体育教学的硬件环境，还包含了体育教学的软件环境。这里面所说的体育教学硬件环境，通常是指体育场地的建设与体育设施的建设，而这里所说的体育软件环境，通常是指高校教师、学生的体育意识与体育舆论。此外，对于体育工作的加强，教育行政部门与学校领导应该将其作为素质教育全面推行的切入点来进行认识与对待，通过各种各样的媒介，在全校师生与学生家长中对体育的重要意义广泛地、深入地进行宣传，进而促进一种强有力舆论的产生。

从狭义的角度来说，我们这里所探讨的体育氛围，一般是指在各种各样体育活动开展的过程中，学生所存在的心态和情感，例如，体育教学氛围、课外体育活动氛围等等。如果想要形成一个生动的、活泼的体育氛围，基础是教师和学生之间的和谐关系，手段是科学的组织方法，标志在于使学生的情感得到激发；体育氛围对于体育教师的文化素养与教育艺术存在较高的要求，保证能够师生协调、统分合理、张弛适当、宽严有度地在体育教学活动与其他的体育活动过程中发挥作用。

严格的组织纪律和生动活泼的学校体育氛围之间存在的矛盾是比较难处理的，值得高兴的是，在我国高校体育教学的实践活动中，已经有一些高校教师将二者和谐统一地进行整合，进而完美地展现出体育教学高度的水平与艺术性。

（四）将激发体育兴趣与培养刻苦精神有机结合

在高校体育教学实践活动开展的过程中，对于实践活动中对学生体育兴趣培养、激发的问题给予了足够的重视。这也是学生体育活动开展的内在驱动力，是高校学生终身体育意识与能力得到培养的重要基础，更是体育教学目标的实现需要。因此，体育教师应该按照学生的身心特点，对高校体育的活动方式、组织方法和教学内容进行选择，同时，适当地改造某一些竞技运动项目，将体育教学内容的健身性和娱乐性有机结合在一起，将体育教学方法的实效性与有趣性有机结合在一起，使学生从事各种体育活动的兴趣得到有效激发与培养。

在高校体育教学的实践活动中，为了能够使学生的某一种素质得到有效发展，或者使学生的某一种运动能力得到提高，抑或使学生尽快掌握某一项技术，尽管能够获得明显的效果，但是过程却是单调的、乏味的。在这样的情况下，如果想要获得理想的效果，就需要高校学生始终坚持刻苦锻炼。

学生存在的体育兴趣由于个性差异的存在也会表现出不同。通常的表现是：即便是一项同样内容的体育运动项目，对此感兴趣的可能只有一部分学生。所以，不仅要注重激发与培养学生的体育学习兴趣，还要加强重视培养学生的刻苦锻炼精神，同时对学生开展刻苦锻炼方面的意志品质教育，使他们将这一过程当作自身意识磨炼的过程。

第三章　体育教学方法的改革视角

第一节　健康体育视角下体育教学改革走向

一、健康体育的目标与原则

（一）健康体育的目标

健康体育首要目标就是强身健体。大学体育教学以育人为宗旨，以强身健体为出发点，以发展大学生鲜明个性、培养学生体育意识、养成终身体育锻炼习惯为主要目标。高校健康体育教学实施过程，就是指导每一位大学生积极进行体育锻炼，促进大学生形态结构、生理机能和运动素质健康发展，为工作、学习与生活奠定坚实的基础。因此构建一个由多个子系统组成的目标体系。

目标体系主要由两大指标构成，分别是运动技能指标与身体指标。这个目标体系宗旨是树立正确的健康观念和终身体育观念，掌握健康与卫生知识和科学锻炼的理论和方法；发展目标在于提高适应环境能力，发展心理健康和生理素质。意志品质教育方面：培养良好的道德规范，发扬团队合作的集体主义精神，激发积极进取的拼搏精神。运动技能指标中包含专项理论、运动能力、各级素质指标。身体指标有全面素质指标、身体机能指标和身体形态指标。整个目标体系全面、系统地分析学生在不同阶段、不同层次的发展目标，避免了高校体育的盲目性和随意性，也增强了大学生追求健康体育的主动性的积极性。

高校健康体育的目标要理论联系实际，以锻炼身体为起点，循序渐进到专项体育运动，再深化到专项理论知识、科学锻炼的原理与方法，最后培养学生终身体育的习惯。

（二）健康体育的原则

在高校健康体育教学的实施过程中，必须遵守四大基本原则，才能避免体育教学过程中的盲目性与随意性，保证对健康体育锻炼的共同追求和向往。

第一，区别对待原则。根据不同的个人实际体质，每一个人的健康体育锻炼方法必然不同，应该结合实际选择适合自己的健康体育锻炼方法。普通高等学校招生除高中应届毕业生外还有成人高考，由于高考年龄限制的取消，大学生个体健康素质差异很大，情况也多种多样。我们应该采取区别对待原则，针对不同年龄层次、不同健康状况群体的需要，传授不同内容，采用不同施教模式，实施灵活多样的健康体育教育形式。

第二，循序渐进原则。具体的健康体育锻炼应有科学合理的顺序和计划安排，应按照合理的顺序，穿插适当的休息，形成加强—适应—再加强—再适应的模式，逐步提高身体素质。良好的身体素质是掌握专项体育运动技术的基础。因此在健康体育教育课程安排上，从基础抓起，全面提高身体素质、发展体能，然后教授专项运动技能和知识，再结合学生自身特色发展属于自己的体育风格，历经被动接受到主动创新的过程，是教育未来发展的趋势。

第三，积极创新原则。需要（目的）—动机—兴趣—行动心理学的规律，说明人类行动积极主动性来源于需要。时代是不断进步的，任何事物的发展趋势总是前进的，而发展的道路又是迂回曲折的，健康体育也不例外。与时俱进，健康体育教学的理论和方法需要不断创新，专项运动技术与知识也需要不断完善创新，只有不断创新，新理论与新技能才能符合大多数人民的利益，满足学生个性化追求，得到广大当代大学生的支持和拥护。与此同时，高校健康体育才能在改革创新中求发展。

第四，积极主动原则。在平衡发展的基础上，健康体育锻炼必须使参与者认识到参加健康体育锻炼的重要性和寻求健康体育锻炼方法的积极性，充分调动他们的自主性和目的性，唤起学生对健康体育的共同追求和向往。了解不同学生的需要，针对当今高校体育教学存在的问题，加强对大学生的健康体育理论知识教育。通过大学多样的体育运动形式，培养学生自觉参加体育锻炼的习惯，形成良好的全民健身的体育文化氛围，使体育成为一种兴趣。

二、健康体育理念与体育教学改革的关系

体育教学是面向全体大学生，以增进身体健康为核心目标的，通过身体锻炼增强学生体质，使学生进一步掌握专项基础知识和技能。在健康体育理论的视野下，除身体健康教育外，必须注重学生的心理健康教育和生活健康教育，使学生保持各种身体机能和能力的平衡发展。

（一）高校实施健康体育教学的必要性

体育是高校教育的重要组成部分，纵观体育教学改革发展历程，无论什么时代，即使体育教学改革方法不同，其改革的方向与落脚点都是培养学生健康的身体和强健的体质。

因此归根结底高校体育教学本质目的是为了增强体质、全面提升心理和生理素质、提高社会适应能力。健康体育理念是体育教学改革的终极目标和出发点。古今中外，人们非常重视体育教学，通过体育教学来提高学生的体能，提高抵御外界疾病的能力，满足自己的兴趣爱好，培养持之以恒的毅力和艰苦奋斗精神的原动力。体育锻炼不仅有锻炼身体的作用，还能愉悦身心，是缓解压力的好方法，使人的寿命得以延长。21世纪的竞争是人才的竞争，大学生作为未来社会主义接班人和建设国家的主力军，树立健康体育理念和终身体育理念尤显重要。

中华人民共和国成立以来，我国高校体育教学不断变革与发展，经历了从"运动技术中心论"到"身体素质中心论"，到现在的"终身体育教育论"等，从应试体育教学向健康体育教学转变，继承与发扬高校体育教学的价值观念，进一步构建科学的高校体育教学观，促进和深化新时期高校体育教学改革。随着人类生活水平的提高和科学技术的进步，人们对体育运动的理解也越来越深入。

高校为了培养学生健康的体魄，就要强调"健康第一"的思想，"健康第一"的思想为高校体育教育改革指明了方向。所谓"健康"，不仅是身体健康，更重要的是心理健康。以"健康第一"为核心的健康体育教学主要帮助学生树立健康意识、养成正确的锻炼习惯和运动技能；相对应的高校体育教学的目的是让所有大学生身心全面健康发展。高校为学生创造健康教育的条件，提高身体素质；丰富教学内容，培养学生的健康意识和自我适应社会的能力；结合学生身心特点和需要，让大学生选择正确的锻炼方法和生活方式，学会用体育运动提高自己的健康水平。简言之，健康体育的教育观念是高校体育教学的重要任务。

（二）健康体育理念在体育教学中的地位

从健康体育教学理念提出后，高校体育教学改革一直以健康体育理念为中心思想，健康体育教学理念指导高校体育教学经过一系列曲折而艰辛的探索。在对健康认知的全方位理念下，由过去的只关注学生有无疾病转变为立足于生物学、心理学和社会学的三维空间，审视教学内容、方法和效果。依据区别对待原则，制订教学计划；根据学生的兴趣爱好来安排教学内容，有利于学生健康习惯的形成和培养。因此，高校体育教学改革应贯彻"健康第一"的理念。

另外，高校体育教学改革将实现健康体育作为最高目标。一直以来竞技体育都是高校体育教学活动的根本，教学任务有规定的标准，学生只是一味地追求体育达标，忽视了自身的身心素质的提高，体育课程中并没有包含心理素质和社会适应等方面的知识。高校体育教学改革把实现健康体育作为最高目标，根本转变学生的体育观念，由被动学习转变为主动学习，激发学生的积极性，促进学生的全面发展。随着社会生活水平的提高，发展健康体育成为高校体育教学改革的必然要求，也能让学生以健康的身心进入社会，迎接新的生存压力和挑战。

总而言之，高校体育教学改革仍然要以健康体育为最高目标，从本质精神出发，为学生身心健康的发展奠定良好的基础，培养学生终身体育的观念。

三、健康体育理念对体育教学改革的影响

在谈及健康体育理念对体育教学改革的作用时，主要从教学思想、教学目标和教学效果等方面探讨。以"健康第一"为指导思想的体育教学的基本任务是：引领每一位大学生，进行积极向上、安全实用的健康体育运动，努力促进学生全面健康发展，培养健康和终身体育意识。因此，健康体育给新时代人们带来不可或缺的生活方式，对高校体育教学改革的作用也不容小觑。

第一，体育教学改革帮助学生树立健康的体育观念。随着普通高等学校的扩招，大学生毕业就业问题越来越严峻，就业压力让更多学生焦虑不安，精神负担和心理压力加大。贯彻健康体育理念引领体育教学改革新趋势，提供正确先进的体育信息，目的是帮助学生树立健康体育、全民体育和终身体育等积极体育观念。不仅使学生的身体健康，还要让学生享受体育活动给学习和生活带来的积极影响。

第二，树立以"学生发展为本"的体育教学改革。在"健康第一"的指导思想下，围绕学生开展一系列活动，要以是否促进学生身心健康为出发点和归宿，以学生的个性与特点为本转变体育教学观念，要求全面提高学生的身心素质。教师应在了解高校大学生特点的基础上，重点增强学生身体素质，让学生不仅掌握体育文化知识还需熟练掌握运动技能，加强多元化结构的发展，尊重学生的自发性学习和发散思维，建立起新的师生关系，师生互换角色。从教学目标和过程出发，以学生的健康为核心，从身体、心理和社会三个层面评价体育教学。体育教师改变传统的威严教师形象，培养与学生合作学习的关系，做到师生互动、活泼积极的课堂氛围，这一点是健康体育理念对体育教学改革的最新要求。

第三，健康体育理念下体育教学改革培养学生高尚道德品质。健康体育理念指导下的体育教学改革能够更好地指导学生走上正途，并且体育竞赛中公平、公正、公开的比赛规则能培养学生刚正不阿的品格；在奥林匹克文化视野下，使学生能感受到努力、向上、积极进取和持之以恒的坚强意志，又能感受到团结合作的巨大力量，对培养道德情操健康、

高尚的社会主义接班人有重要意义。

第四，令高校大学生拥有健康的身心。刚刚从高中踏入大学的校园，看似无拘无束的大学生活，其实生活、工作或学习中也会遇到困难、挫折和障碍，这些问题会给学生带来精神上的压力和心理疾病，会使其形成沉默寡言的忧郁性格，对将来踏入社会处理人际关系造成障碍。高校体育教学改革在健康理念的指导下，不仅仅要增强学生的身体素质，还要使学生拥有强大的心理素质和良好的社会关系适应能力，达到身心愉悦的状态。面对难题和挑战时，能以健康、积极、乐观的心态解决困难，通过创设特定的情景进行健康教育才能事半功倍，让学生学会通过体育锻炼舒缓心理压力，减轻负担。健康体育教学不仅改善学生的身体健康，更能促进学生"德智体美"全面发展，鼓励学生以积极乐观的心态面对大学生活，用强健的身体和纯净的心灵建设祖国。

四、健康体育视角下体育教学改革措施

（一）增设体育设施

增设场地与器材等体育设施的前提是充足的体育经费，也是必要的物质保障。场馆条件好能提高教学积极性和创造性，调动学生刻苦学习和训练的热情。各高校领导应对照规定，比较本校现有场馆设施，找出自身不足。可采用大学体育俱乐部模式，学校首先应积极筹备财力、物力和人力，将改善学校体育设施建设规划提上日程。提供配备完善设施活动场所，充足的运动器材和教学用品，营造良好的运动氛围，有安排地进一步加大体育场馆与器材设施的综合开发力度。

学校主要资金来源于国家赞助、社会投资和自筹资金三个部分，除去新增场地与器材，每年体育场馆设施检查与维修费用都很高，还面临原地改建和器材老旧置换重购等经费严重不足问题。学校可以在不影响其他学校正常体育活动的同时，对外承包、租用校外运动场所，减轻学校负担，还可以加强与周边学校的合作，实现资源共享，努力提高体育场馆与器材设施的利用率。

总之，高等学校一般体育硬件设施条件比中小学优越很多，有较多室外的运动场和室内体育馆。但是各类体育器材不足，不能满足多种学生的不同需求。在充足经费的基础上，还要加强体育场地设施与器材的监督，对不符合规定和存在安全隐患的学校采取强制措施。除硬件设施外，软件设施也很重要。营造良好的体育教学文化氛围，也有利于高校实施素质教育，也是高校体育教学重要的评估指标之一。

（二）建设高素质的体育教师队伍

良好的教学情形离不开强大的师资力量，这也是高校体育教学所急需的。高校健康体育教学课程改革，建设高素质的体育教师队伍是关键，完善体育教师年龄结构和增加专业体育教师数量也是亟待解决的问题，再加上年轻教师的培训工作以及教师的福利待遇等。随着社会进步和科学文化知识的不断更新，教师自身需要不断学习教育有关的理论知识、课程内容、教育理念等，提升自身能力。无论是教育理念、教材还是教学内容、教学方法、评价指标的改革，最终都要看教师的实施效果。素质高、教育理念先进的教师队伍能更好地完成改革要求。高素质的教师队伍是指具有完善知识体系架构、专业的教学技能和体育运动技能、优秀的个人政治品质和思想道德素质以及一定心理健康咨询能力，这样全能、新颖、开拓型的教师队伍更有利于高校体育健康教育改革。具体办法有以下几点。

第一，注重吸引高质量的师资队伍。应广泛引进各省市的体育人才，由于驻济高校办学自主性与多样性相对不足，课程设置按部就班，导致体育教学一直处于传统的阶段。因此大量引进新型体育人才，能给高校注入新鲜的血液，有利于健康体育教学的实施。

第二，加强体育师资队伍的持续性培训政策。中老年教师是学校教学的夯实基础，青年教师是未来学校教育的骨干和主要力量，分别针对两种类型教师的特点予以培训，加强中老年和高级职称教师的新的教育理念灌输，通过"听课、研讨"切实提高青年教师的教学态度、目的和方法的基本知识理念。可采取出国进修、培训教育等方法，提高整个教师队伍的学历水平，争取建设为数量充足、质量突出、学历平均、教学能力强、结构完整的体育教师队伍。

第三，加强高校之间的联系与合作，提高信息交流平台。为了避免闭门造车、过程中走过多弯路，可以每年定期组织体育学科课程改革优秀经验交流会和研讨会，聘请省外著名高校体育院系的专家和教授进行学术交流探讨，充分调动共同探讨高校体育教学改革的积极性，组建体育教研室，确保全国高校体育教学的统一整体规划水平。

第四，加大体育教学科研经费的投入。加强体育师资队伍专业素质的培养，专业素质不仅包含专业知识还有现代教育理念和思想，统一进行教师资格考核。高校应该无条件支持体育科研工作的进行，提升体育教学与科研成果的有机结合，集体组织体育教师申报专题研究，并对获奖教师给予相应的鼓励和表彰。

第五，为建设高素质的教师队伍营造良好的生存和科研环境，提高教师的待遇，建立物质奖励与精神激励并存的体系，政府要加大对体育科研的扶持力度，从多方面优化师资、稳定教师队伍、提高教学质量。

（三）增强学生进行健康体育的主动性

增强学生对健康体育的主动性，目前现代化的教学方法如主题教学、启发式教学、自主探究式教学等等，能看出改革方向由以教师为指导中心转变为重视学生的主体地位。需要完成以下转变：

首先，重视学生体育能力的培养，教师尊重学生的主体地位，不能以自我为中心，要以学生为本。

其次，教学重心从教师教转向学生学，培养学生独立思考和自主探究以及创造的能力，从而使学生由"要我学"到"我要学"的思想转变。

再次，从注重学生的学习结果评价转为注重学生体育学习的过程，在体育教学过程中根据学生个体之间的差异，教师要因人而异，制订不同的要求，有利于每位学生达到理想目标，激发自主锻炼的主动性。

最后，教学模式应由绝对统一的教学转向满足每位学生特性发展的教学模式。

学生进行健康体育锻炼是运动场地、器材等条件的首要条件，学生自身没有强身健体的主观愿望，即使再优良的运动场地，再优秀的教师队伍都不可能完全发挥自己的功能。学生健康体育锻炼的愿望很强烈，没有教师鞭策和充足的运动场地，高校生也不能科学进行体育锻炼。因此，学生主动性、充足的设施资源和高质量的教师队伍缺一不可。

（四）改变高校现有考核制度

健康体育的精华在于培养终身体育观念的全面发展的学生，强化学生的身体素质。学生个体差异不同，运动基因好的人容易达到标准；运动基因差的人再努力也很难达标，高强度达标训练反而不利于身体健康。有的学者提出"自学、自练、自评"的考核模式，有利于培养大学生的综合能力，遵循科学锻炼身体的方法。任何单一指标的考核都是不全面、不合理的，因此，我们在体育评价体系指标选取上，应注重体育过程评价和体育结果评价相结合的综合评价指标方法。

第一，关于考试内容的选择。应符合学生的实际情况，选取每学期2～4项指标进行身体素质测评，试题难度适中，让大多数学生通过一定努力都能达到及格要求。

第二，除客观的考试内容外，根据学生自身身体状况差异与个人努力程度及进步幅度、出勤率等进行与体制健康指标的综合评价，从而激发学生体育活动的积极性，让学生享受在同一起跑点的平等接受健康体育教学的权利，为树立终身体育理念奠定基础。在实际执行时，可用考勤记录表保障教师与学生正常开展体育活动的课时数，防止逃课、早退迟到现象的发生。

第三，除理论考试外，增加反映学生技能训练水平的多项考核内容。根据学生所选择的专项体育活动，制订合理的评价指标。

第四，考核方法应具有公正、公平、公开和科学的特性。教师从教学实际出发，在计算总评成绩的比重时，加大出勤率（学校态度）的比重，降低技能达标的比重，以减轻学生的思想负担，以积极、愉悦的心情参与到体育运动中来。建立符合高校自身的实际情况的体育课程考核评估体系，将体育理论考试、技能训练成绩、体质健康标准、出勤率按各自权重进行综合考量。

第五，教学评价体系除包含体育知识技能评价外，还应包含道德品质、心理健康和社会适应等方面的多维综合评价观，不仅仅要对学生评价，还包括教师的自我评价。

五、健康体育视角下体育教学改革途径

（一）教育思想以"健康第一"为指导

随着时代进步，高校体育教学改革的首要任务是树立"健康第一"和"终身体育"的指导思想。让全面发展、协调发展、和谐发展等教育思想真正落实到素质教育中来，从而使高校体育教学长期、稳定和健康发展。根据健康的定义，我们将体育学科与生物学科、心理学科和社会学科相互联系，新时期的健康概念并不是传统的以身体健康为目标，没有疾病的状态，还注重心理健康和社会适应等多角度的要求，追求身心健康的最佳状态。

以"健康第一"为指导思想的体育教学改革重点加强对健康概念的全方面认识，尤其是教师，引领改革教育教学的内容、教材、目标、方法和评价效果。教学内容应以"健康第一"为中心，体育项目要同学生的实际相结合，符合个体性、时代性与发展性的特点与需要。换言之，"健康"成为衡量体育教学目标和方法是否有效的关键。因此，目前高校体育教学改革应全面贯彻"健康第一"的指导思想，以"终身体育"为高校体育教学宗旨，坚持把学生作为出发点和归宿，把握素质教育改革的春风，以促进身心全面发展为目标，培养学生终身、健康、全面体育锻炼的习惯。

（二）课程目标以社会化为导向

我们将广义上的课程目标定位于教育与社会的关系，而狭义的课程目标是指教育内部的教育与学生的关系，因此课程目标是连接学校体育与社会体育的桥梁，也是贯穿整个学校体育课程体系的核心，只有明确了课程目标，才能进行相关改革。健康思想指导下的体育教学将学校体育与社会体育相结合，学校体育课程目标以社会化教育目标为导向。

教育目标可以分为认知领域、情感领域和动作技能领域三个方面。社会化的课程目标

涵盖面更广，依据社会公民应具备的基本素质，重点强调社会主义接班人应具备的"德、智、体、美、劳"五方面素质的基本要求。具体细分为四个方面：第一，掌握体育锻炼的基本知识、技术和技能和卫生保健能力，以及适合自己的体育技能；第二，促进心理健康，养成良好的思想品德素质，提高身心全面发展；第三，培养学生对体育的兴趣与热爱，形成自觉主动体育锻炼的习惯，促进终身体育观念的形成；第四，以社会化为导向的课程目标还应与"健康体育"的理念相融合，实现健康体育、学校体育与社会体育一定程度上的有机融合，以高等学校体育教学为平台，根据社会需求制订课程目标，按照健康体育要求促进学生全面发展。

（三）以"全面育人"为目的

高校体育教学应以"全面育人"为教学目的，在增强学生自身身体素质和传授体育知识技能的情况下，还应培养学习的能力，进一步发展学生心理健康、思维能力、社会适应能力和培养新世纪具有竞争意识的社会主义接班人。因此，全方位的体育教学目的，包括体能、健康、娱乐、经济、生活、心理卫生等教学，以此全面培养学生适应未来踏入社会的激烈竞争与挑战。在体育锻炼中，能开发人的智力，活跃思维，善于思考；培养多方面的兴趣爱好，消除烦恼、焦虑、不安等心理障碍啊。体育教学想取得预期的体育教学效果，必须在"全面育人"的教学目标下，选择丰富的教学内容，采用多样的教学手段和方法，以公正、公平的态度设置教学评价标准。

为达到"全面育人"的目的必须采用多种健康体育指导形式：集中指导，适合少数人参加，动作简单的情况下；分组指导，根据不同目的、年级、锻炼水平、兴趣爱好自由、自愿分组进行；个别指导，针对个人实际情况制订相应的健康体育锻炼计划。

（四）教材内容多层次化

目前大学生的身体素质发展千差万别，在教学过程中必须促使一般发展、共同发展和特殊发展、差异发展相结合，要求教材内容必须达到多层次化。总体上，体育教材内容应与时代接轨，提供给学生最基本的实用性强的内容。

第一，转变传统"一纲多本"的形式。所谓"一纲多本"是根据一个教学大纲，编写不同特色、品种的教材供不同地区使用，内容都是一样的，只是版本内容编排顺序不同。随着教育改革的深入和素质教育的普及，"一纲多本"的教材形式已经不适应当时情况，相应的体育教材逐渐向"多纲多本"的形式变化。"多纲多本"有利于提高教材编写的质量，有利于教材多样化的发展等。

第二，教材内容编写达到多元化。多元化包括健康化、多样化、新颖化、形象化、体系化，把教材内容与课余活动游戏观相结合，增加趣味性，从而提高学生对体育学习的兴趣。

第三，教材内容范围多层次。如应涉及知识层面、技术层面、理念思想层面、方法技巧层面、思想情感层面，删除教材中过时陈旧的内容，增加具有时代气息的特色内容，除理论必修课外，还应开设多样的选修课供学生选择。

第四，教材内容应多注重实用性，减少理论性知识。健康体育教学以培养学生终身体育理念为宗旨，应增加接近生活的喜闻乐见的运动项目和健康教育内容，如网球、游泳、扩展训练、攀岩、足球、溜冰等。也要让学生了解目前体育教学中较前沿的理论成果和研究方向。同时，课程内容应设置相应的必修课程和选修课程，学生根据自己的爱好与兴趣，择其所好，通过教师的启发与引导，自主学习体育项目活动。

第五，新教材的内容多以运动医学和运动心理学为主，关于健康方面甚少。高校围绕"健康第一"的指导思想，在教材编写中，应将心理、饮食和疾病等健康知识与高校体育课程内容相融合，作为因果关系阐述。只有正确饮食，做到体内各机能均衡活动，有预防疾病的意识和常识，才能达到自身健康，再通过自觉体育锻炼和心理健康，才是健康体育的全面目标。

（五）树立主动体育观念

主动锻炼的体育观念是指健康体育的需要，是培养全面发展人才的需要，是提高人口素质的需要。现代的体育教学主要以发展学生的创新能力为出发点，培养未来社会需要的创新人才，使学生产生强烈的欲望参加体育锻炼。在体育教学中，教师既在教学过程中起主导作用，也强调教师与学生、教与学的多边互动是相互联系和相互配合的。

树立学生主动的体育观，需要做到以下四个方面：

第一，强调学生的主体性，学生的学习活动具有独特个性，教师激发学生学习和锻炼身体的主动性和积极性。

第二，强调师生活动的多边活动，传统教学只限于师生之间单向活动，学生一直处于被动地位，现代教学模式应建立在师生多边活动的基础上，对提高学生的主动性和积极性具有重要意义。

第三，注重学生学法的指导性，教学方法理论还包括教的方法和学的方法，教师要侧重学生的学的指导，使学生掌握体育科学的学习方法，在教学过程中对学生计划的制订与实施、学习内容的安排与计划、学习方法的选择与运用给予必要的指导与建议。

第四，注重学生的创新性，树立主动体育观是学生创新能力的前提，在教学过程中，根据已有知识、经验。从各个方面去发现问题，寻找解决问题的方法，在不断获得成功的过程中，养成自觉经常体育锻炼的习惯，突破压抑的教学方式。

第二节　终身体育视角下体育教学改革与发展

一、终身体育与高校体育的关系

学校体育和终身体育两者的关系密切，都是属于体育这个范畴，而在发展终身体育阶段，学校体育被纳入终身体育的体系中。高校体育是终身体育的重要组成部分，也是终身体育的基础，终身体育是高校体育的延续和发展。

（一）高校体育是终身体育的基础

高校体育是人们进行体育实践与身体教育的重要过程，是人们进行终身锻炼的基础阶段，是终身体育的一个重要环节，是个体接受的体育教育中最为系统、最为规范的教育，它是培养个体终身体育意识、提高终身体育能力和形成"终身体育"思想的最重要的时期，在整个终身体育教育系统中具有重要的地位。

高校体育教育是学生终身体育习惯养成的一个最重要、最关键的时期。高校是培养人才的基地，体育教育是培养人才的基础，合格人才不仅要有渊博的专业知识，还必须具有一个健康的体魄。体育的功能可以有效地改善和提高人体的健康状况。保持身体健康需要长期不懈地参加体育锻炼。高校体育教育不仅是让学生简单上体育课，更重要的是让学生了解相关体育知识，掌握一定的健身方法，养成体育的锻炼习惯。高校体育教育要及时加强学生主体意识的培养，提高独立锻炼的能力，强化终身体育观念，掌握锻炼身体的知识与正确方法。

（二）高校体育是奠定终身体育基础的时机

在高校学习的大学生正处在身体正常发育的关键时期，是人生道路中最宝贵、最具有特色的黄金时期。在这个充满生机和活力的阶段，体育教师的言传身教、教书育人的作用，切合实际的教学内容，加之体育教师系统地传授科学锻炼的方法，良好的场地器材和锻炼环境，这些方面形成了一个锻炼身体的较好氛围，必将对每一个大学生的体育观念、体育锻炼兴趣的形成以及锻炼习惯的产生起着积极的影响。

高校体育对大学生终身体育观念形成的积极作用主要有以下三点。

第一，丰富运动经历，提高运动水平。大学校园是一个团结活泼、气氛浓厚、健康向上的体育活动环境。充分的活动时间、大量的运动器材及课堂上教师的专业知识传授都有力地促进了学生运动知识的丰富及运动能力的提高。通过 2～3 年的体育课学习，学生能够形成较为完善的专项运动知识体系，达到相当高的运动水平，为以后走上社会参与到这些项目的活动中去奠定扎实的基础。

第二，激发运动动力，培养体育意识和兴趣。动力是在需求的刺激下，直接推动人进行活动的内部动力。现代社会竞争日趋激烈，随着人们体力劳动的不断减少、脑力劳动的不断增多，体育锻炼越来越成为现代人日常生活中必不可少的一部分。教师应在教学过程中从激发大学生运动需要入手，唤起其参加体育活动的内在动机。大学生通过一定时间的体育活动及相关知识的了解与学习，能够从中体会到运动能够给人带来的身体和精神上的享受，逐渐形成习惯，建立起持久稳定的运动兴趣。

第三，提高对运动锻炼的理性认识，形成终身体育观念。体育教学过程中，教师要通过体育理论课程，使学生明确锻炼价值、目的和要求，正确认识体育锻炼的重要性和必要性。树立正确的体育观，掌握一些较为实用的科学锻炼的方法，并引导学生在个人的运动实践中加以运用，使其在理性上形成对体育的正确认识，为形成终身锻炼观念打下坚实的理论基础。

培养大学生的体育意识与提高大学生的体育素养既是高校体育教育的重要内容，也是直接影响终身体育发展的重要因素。因此，普通高校体育教学应立足于现实，着眼于未来，提高学生自我锻炼身体的重要性的认识，树立终身锻炼身体的信念，掌握终身锻炼的手段与方法，使他们明确不仅在学生时代需要体育锻炼，而且进入社会后，在任何时候、任何环境、任何条件下都能做到独立地进行体育锻炼，达到终身受益之目的。

（三）终身体育为学校体育教育指明方向

全民健身计划以全国人民为实施对象，以青少年和儿童为重点，以普遍增强人民体质为目标。这不仅给我国推行终身体育带来了契机，也给学校体育改革和发展指明了方向。学校体育是终身体育的入门期，所以培养终身体育思想对学校体育改革有着深刻的影响。教学是学校体育的中心环节，也是学校体育改革的重点和难点，学校体育教育的目标是使学生掌握体育知识、技术和技能，养成体育锻炼意识、兴趣和习惯，增强体质，陶冶情操，促进身心全面发展。因此，只有用终身体育思想指导体育教学改革，才能使学校体育适应社会发展的需要。

（四）高校体育与终身体育相辅相成

高校是学生接受体育教育的最后一个阶段。因此，学校体育不仅对学生在校期间的生活产生重要影响，而且还对学生步入社会后的家庭生活、余暇生活产生重大影响，将高校体育与全民健身结合是高校培养目标的延伸。体育教学最主要的目的是为了增强学生体质。现在随着对体育本质与功能认识的提高，高校体育在很大程度上要考虑到学生终身的需要，在教学中应以终身体育为指导，培养学生终身从事体育活动的兴趣和能力，鼓励学生自觉参加体育活动，使体育逐渐生活化。大学生处于身心较成熟的青春期，也是世界观形成的关键期，接受良好的体育教育对完善自我、形成终身体育观和树立全民健康意识有着积极的作用，是将来社会体育、家庭体育、终身体育的倡导者、实践者、组织者和领导者。同时，在校学生是实施全民健身计划的第一代受益者，又是第二代推行者，当学生进入社会转换角色后，他们已形成对体育的兴趣、爱好和习惯，会随着他们的生活方式、行为习惯传播于社会，体现出向社会辐射的功能。

二、终身体育思想指导下的高校体育改革与发展对策

21 世纪是科技、经济高速发展的时代，"科技兴国"已成为我国的一项重大基本国策。科技、经济的发展，必将对教育提出更高的要求。高校体育作为教育的一个重要组成部分，如何进行深化改革，使之能适应 21 世纪教育发展的需要，适应人才培养的需要，这是一个十分重要并有待解决的问题。

体育教学改革是高校体育中一个永恒的主题，全民健身计划的颁布，明确体育教学的改革方向，既打破以运动技术传授为主线的教学体系，又要短期效益（即增强体质）和长远效益（即培养终身体育的意识、兴趣、能力和个性发展，人际交往，独立从事体育活动和自我健康、监督能力）一起抓，为大学生毕业后走向社会、进行终身锻炼打好基础。

（一）明确以终身体育为核心的指导思想

自 20 世纪 80 年代起，我国学校体育界相继引入了包括终身体育思想在内的许多国外先进的体育思想，纷纷倡导终身体育。终身体育的提出顺应了时代发展的趋势，它与现代社会对体育的需要密切相关。学校体育的作为终身体育的基础和中间环节，理应为学生的终身体育在动机、兴趣、意识、习惯、能力、技术技能、方法和评价等方面奠定基础。为此，近年来各国在学校体育领域都很重视按照终身体育的指导思想进行改革。

确定学校体育教学思想必须与教育发展方向相适应，现阶段学校体育教学指导思想应当以知识技能为先导，以培养体育能力为重点，以终身体育为方向。

1. 以传授知识技能为先导

学校体育教学首先要体现出作为课程教学所赋予的传授知识技能的教学任务，将传授体育知识、技术和技能与科学锻炼身体的原则、方法有机结合起来，才能有效地实现增强学生体质和终身受益的体育观。体育教学实践表明，学生对体育知识、技术和技能掌握的熟练程度，与增强体质和培养对体育的兴趣有密切关系，学生对体育知识、技术和技能掌握得愈牢固、愈扎实，水平愈高，就愈能激发学生对体育的兴趣，积极锻炼身体，这样增强体质的效果就会愈好。因此，在体育教学中首先必须重视体育知识、技术和技能的传授，为学生提供科学锻炼身体的知识和方法。

2. 以培养体育能力为重点

体育能力是指体育知识、技术、技能和智力的有机结合，体现在体育教学中就是着重培养学生有自我身体完美的要求，有经常锻炼身体的欲望，具有必要的活动技能和运用技能的能力。从以往情况来看，绝大部分的学生走向社会后，都无法运用在学校体育课中所学到的体育知识和技能来锻炼身体，究其原因，主要是长期以来，学校体育教学忽视了培养学生的体育能力的缘故。为此，近些年来一些经济发达的国家为了适应形势发展的需要，纷纷对学校体育教学进行改革，改革的重点就是把增强学生体育能力、培养学生终身从事体育锻炼的习惯作为学校体育教学的主要任务。

因此，体育教学要重视体育知识和技能的传授，进而培养学生独立锻炼身体的能力、自我设计与评价的能力、自主学习与调控的能力、相互保护与帮助的能力、组织比赛和裁判的能力以及体育欣赏的能力等。通过培养学生的体育能力，使其走向社会后能够自觉坚持体育锻炼，为实现终身体育的长远目标打好扎实的基础。

3. 以终身体育为发展方向

以终身体育为方向是学校体育教学的长远目标，也是学校体育教学指导思想的核心。明确了这个目标，前面所述的"以传授知识技能为先导""以培养体育能力为重点"的学校体育教学指导思想，就不仅仅限于一个学期或一个学年所追求的近期效益，也不仅是在学校学习阶段的效益目标，而是要从培养学生终身从事体育锻炼的意识、习惯和能力出发，来妥善处理同类体育课程和不同类型体育课程中有关传授体育知识技能、增强体质、提高体育能力和发展个性等相互关系；正确认识和处理体育教学的近期效益、中期效益和远期效益之间的关系，并力求围绕终身体育这个长远目标，不断地开发学生的体育能力，练好身体，为终身体育打好基础，从而使学生终身受益。

改革和发展我国学校体育要以终身体育思想为指导，促使我国体育朝经常化、生活化、终身化方向发展，体育人口大大增加，人们体质、健康水平不断提高。学校体育为了适应现代社会发展对人才培养的需要，必须以终身体育思想为主导思想，立足于将学校体育的近期效应和长远效应相结合，注重培养学生的体育兴趣、意识、习惯和能力，这是推动学校体育与终身体育接轨，培养身心健康、有良好体育习惯和能力的高素质人才的发展方向，也是对学校体育改革、发展与推进全民健身具有十分积极、深远意义的重大举措。

（二）选择灵活多变的教学组织形式

教学组织形式是教学活动赖以开展的必要条件。但教学形式并不是一成不变的，它必须随事物的变化而发生变化。必须明确的是，内容决定形式，而绝不是由形式决定内容。体育教学组织形式的改革，不仅反映了体育教学改革的趋势，而且也能表现出体育教学改革的深度。在体育教学组织形式改革的实践中，我们应构建多种组织形式。

依据终身体育理论和体育教学模式理论原理，结合当前高校体育教学改革的实际，我们可以构建以终身体育理论为指导，以激发大学生的体育兴趣和爱好、发挥大学生的体育特长、培养大学生形成终身锻炼身体的习惯、提高大学生锻炼身体的能力、形成终身体育的思想与意识为目标的四种体育教学组织形式。

1. 分级体育教学

分级体育教学是一个依据学生身体素质状况，采取有目标、有计划地对不同群体施加不同教学内容和练习方法、手段、指导学生学习和锻炼的体育教学组织形式。设计此种教学组织形式主要考虑到在一个整群的学生中，由于身体素质水平的差异，采用统一教材和教学方法往往不能满足不同学生的需要，严重影响学生的学习兴趣和积极性。本着区别对待和因材施教的教学原则，我们可以把一个整群的学生按素质水平分成不同的群体，对不同的群体施加不同教材内容、教学方法和考核方法，使不同素质水平的学生均能愉快地接受体育学习，体验运动的乐趣。

2. 选项体育教学

选项体育教学是一种依据学生的兴趣、爱好和运动特长等实际情况，学生自由选项上课的体育教学组织形式。选项体育教学组织既使学生对体育的兴趣、爱好得到了满足，又充分地发挥了学生在某一运动项目方面的特长，使其通过体育学习加深对所学项目的理解，体验运动的乐趣，从而使其热爱并长期从事该运动项目，养成自觉锻炼的习惯，形成终身体育意识和终身体育思想。

3. 康复体育教学

康复体育教学是一种依据病、残、肥胖、体弱学生的实际而设计的体育教学组织形式。教师有计划、有目的地针对学生实际，实施康复体育教学内容，使学生在战胜疾病的同时，也能体验到运动给他带来的乐趣，而不是"痛苦"地学习体育，从而建立起体育学习和生活的信心和勇气，长期坚持体育锻炼，主要教学对象为病、残及肥胖、体弱的学生。这种教学模式对学生克服自卑心理，树立顽强向上、勇于克服困难的人生目标，具有良好的促进作用。

4. 运动处方体育教学

运动处方体育教学是一种依据每个学生自身健康状况和身体素质水平，对体育的兴趣、爱好和运动特长等实际情况，教师有目的、有计划地对不同的群体或个体施加不同教材内容和练习手段（运动处方）指导学生自我锻炼的体育教学组织形式。运动处方体育教学过程模式是从培养学生自学、自练能力入手，以"运动处方"为中介，使学生掌握一定的科学方法，达到培养学生养成自觉锻炼习惯，提高自学、自练、自我评价、自我创新能力，形成终身体育意识和思想的教学目的。

（三）构建"以人为本"的体育评价体系

对学生体育评价的问题，要从新的指导思想考虑。传统学校体育重视在一个阶段、某个方面的成果，而终身体育着眼于全过程的多个方面的成果；传统学校体育鼓励竞争，用"达标测试"和筛选，进行淘汰，使学生在一种有形或无形的压力下学习，而终身体育则强调体育是一个过程，着眼于它的全过程的多个方面的表现，强调评价标准的多元性。这就和传统学校体育形成了鲜明的对比，从另一个侧面给现代学校体育提出了一个重要课题，如何使现行的学校体育制度开放一点，使学生学习更生动活泼一点、更有效一点。问题的实质在于如何转变人们的价值观，逐步调整和改变学校体育的价值判断标准。从终身体育思想出发，引入学生体育态度、兴趣、学生终身体育意识、习惯和能力的评价，这不仅更加有利于学生体育素养的培养和提高，也为学校体育评价注入了新的血液和活力。

1. 体育教育评价的本质与功能

教学评价的主要目的不在于选拔，即它不是作为一种结果而是作为一种过程存在于教学活动中。体育教学作为一种特定的社会活动，它是通过发挥身体、心理参与和互动合作等一系列过程来实现的，对体育教学进行评价，必须确立评价标准，找到评价的基准点。体育教学评价的基准点应从身体、心理、群体等方面入手。身体是体育教学的主线，德、智的载体，乃实质所在；心理乃精神，是主体的意识、思想、情感，一切能动的活动，群体乃中介，包括各种外围条件。身体、心理、群体是个整体，三者和谐发展，既符合学校体育教学目标，也是讨论评价标准的出发点和归宿点，同时符合评价主体的需要和客体的属性和功能。

体育教学评价作为一种教学过程其功能主要有：①信息反馈功能通过教学评价提供的反馈信息可以使师生明确教学目标及其实现程度，教学活动所采取的形式和方法是否有利于促进规定的教学目标的实现；②考察鉴别功能教学评价可以了解教师教学的质量和水平，还可以考察和鉴别学生的学习能力、学业状况和发展水平，此外还可为管理者提供有关决策的依据；③强化功能正确合理特别是肯定的评价，可以提高教师和学生的积极性，维持教学过程的紧张状态，有时否定的评价也可激发被评价者积极主动地改进教与学的活动，不甘人后，奋起直追。

2. 构建适应现代体育教育发展的评价对策

（1）评价目标、教学目标和教学指导思想的一致性。体育教学评价必须坚持评价目标与教学目标相一致的原则。如果评价目标与教学目标不一致，那么评价所把握的情况就会与教学活动所取得的结果相脱节，在这种情况下，不仅谈不上对教学的评价，而且也难以达到评价与指导的有机结合。如果评价能与教学直接结合，并作为教学的调整机能的一部分，这样就可以按照目标所确定的教师指导和学生学习的方向进行定期的评价，判断达到教学目标的程度。由此可见，必须根据教学目标来确定评价目标，否则必然导致偏离教育方向的后果。

体育教学指导思想，是对体育教学活动起方向指导作用的、以教学目标任务为核心的基本观点与认识，教学指导思想是教学活动的根本方向和目标问题。体育教学目标必须以上述的体育教学思想为指导，而体育教学目标则是教学指导思想的具体体现。教学目标不明确就会使教学工作难以适从，必然会引起体育教学实施过程的混乱，因此树立明确的体育教学指导思想的重要性是不言而喻的，教学目标和教学评价必须与教学指导思想保持一致，"健康第一"思想无疑应贯彻于体育教学评价之中。

（2）重视发展，实现评价功能的转化。建立科学的评价机制首先要确立学校体育在素质教育中的地位和作用，明确学校体育的培养目标，使评价目标与教育目标一致，并以此为依据来设计体育教育评价的指标体系，并力求评价指标科学化，评价办法具有可操作性，发挥评价体系的正确导向作用。

体育教育评价要从单一的评价视角转向多角度方法的综合质量评价，要淡化考评的选拔甄别功能，不只是检查学生知识、技能的掌握情况，更要关注学生掌握知识、技能的过程与方法，以及与之相伴的情感态度与价值观的形成，要发挥评价的激励作用，关注学生成长与进步的状况，并通过分析指导，提出改进计划来促进学生的发展。既要考评体育知识、技能的学习成果，又要关注学生的身体发展和体育能力培养，以及思想、意志、品质，还要重视学生在体育学习中的进步幅度与努力求知程度等。总之，评价是为学生的全面发展服务，而不是学生的发展为评价的需要服务。

第四章　体育教学方法创新之微课教学

第一节　微课教学的基本类型与特征分析

一、微课及其基本类型

"微课"是一个缩写词，它的中文全称就是"微型视频网络课程"。微课兴起的时间并不是很早，大约在 20 世纪末微课才开始在世界各国的范围内流传并被高校应用。微课是一种全新的教学理念，因而微课的发展十分迅速，深受学习者的喜爱。在全世界的范围内，最早关注微课并将这种教学的理念应用到教学实践中的高校就是美国的圣胡安学院，在圣胡安学院的教学尝试中，他们把微课称为"知识脉冲"，这种知识脉冲是很独特的知识，它能够带给学习者不一样的学习体验。在微课教学中，人们运用最多的教学方式主要有两种：第一种是在线学习；第二种是移动学习。而且微课教学一般都能够突出教学的重点以及教学的难点，它的教学时间都比较简短，控制在 10 分钟以内，从而能够使学生高度集中学习的注意力，使学生都乐于学习、乐于接受这种学习的形式。

从 20 世纪初以来，新加坡的教育学家以及学者都就开始深入研究和探讨"微课"，这些学者经过一定时间的研究得出微课的定义，即微课是一种利用先进的网络技术来辅助教学从而达到一定教学目标的微教学材料。在他们的研究结论中，微课的显著优势就是它把现代先进的信息技术手段和传统的教学材料进行结合，从而使教学更加具有层次感，使教师的教学能够突出重、难点，同时为学生的学习创设一种十分轻松的学习氛围。

微课，即微信视频课程，它在教学中采用的呈现方式主要是教学视频。在实际的微课教学中，教师通常都会围绕一定的知识点展开讨论，结合微课视频开展一系列教学活动。从广义的视角进行分析，"微课"就是一种解说或者一种演示，这种演说或者演示是围绕某个主题的知识点展开，同时微课视频通常都比较简短，因而人们可以突破时空的限制利用微课开展碎片化的学习，学习者的主要学习形式就是在线学习；从狭义的视角进行分析，"微课"设计的主要目的就是为了满足学生的实际学习需求，"微课"是以微课视频为主要载体的信息化教学活动。每个学生都是独立的个体，学生个体之间存在个体差异，因而微课能够使学生根据自身情况开展学习，能够实现学习的个性化。需要强调的是，"微课"

和"微视频"是两个不同的概念，二者之间有一定的差异。具体分析而言，微课包含很多部分，如微视频、微课件、微练习等，因而可以说，微视频是微课的一部分，并不是微课的全部。

微课的类型划分并没有唯一的标准。按照不同的标准，微课可以有不同的分类方法，每种分类方法又可划分出不同的微课类型。

（一）根据用户与主要功能划分

按照用户与主要功能进行划分，微课主要有以下类型。

1. 学生学习微课。学生学习微课主要的用户是学生，一般是通过录屏软件来录制的，将各学科的知识点的讲解录制下来，每个知识点大概在 10 分钟以内。这样学生可以根据自己的学习情况，选择自己需要的微课视频来学习。这类微课是翻转课堂教学的重要组成部分，是微课建设的主流方向。

2. 教师发展微课。教师发展微课主要的用户是教师，这种微课包含的主要内容是教学理念、教学方法、教学评价机制等，主要是对教师的教学技能来培训，也是教师设计教学任务的模板。教师发展微课用于教育研究活动、高校教师培训、教师网络研修等，这样可以提升教师的教育教学能力，改善教师的工作方式，促进教师的专业发展。

（二）根据教学目的方向划分

从教学目的方向进行划分，微课主要有以下类型。

1. 讲述型微课。讲述型微课是一种通过口头传输的方式来教学的微课类型，教师在课堂上主要对重点和难点知识进行讲述。

2. 解题型微课。解题型微课是通过对一些典型的例题进行解析，来对其中的知识点进行教学的类型。

3. 答疑型微课。答疑型微课是通过对学科中存在的一些疑点进行分析，然后获得答案来进行授课的类型。

4. 实验型微课。实验型微课对自然学科比较适用，例如生物、化学、物理等学科，可以通过实验步骤来学习其中的知识。

（三）根据录制方式划分

按照录制方式进行划分，微课主要有以下类型。

1. 摄制型微课。摄制型微课是通过电子设备如录像机、摄像机等来录制课件的方式，可以将课堂上教师讲解的一些知识摄制下来，形成教学视频。

2. 录屏型微课。录屏型微课是通过使用录屏软件来录制微课视频的一种方式，如可以使用 PPT、Word、画图工具软件等将教学内容整理出来，然后在电脑上讲解，在讲解的同时使用计算机上的录屏设备进行录制，可以将声音、文字、图画等内容收录进来，经过进一步制作之后就形成微课视频。

3. 软件合成式微课。软件合成式微课是指事先制作好教学视频和图画，然后根据微课的设计脚本，导入不同的内容，通过重组形成一个完整且系统的微课视频。

4. 混合式微课。混合式微课包含以上几种类型，将之混合使用就成了混合式微课。

上述提及的微课视频类型都是初级的资料，要成为可以教学的视频还需要通过后期制作。

二、微课的特征分析

微课是一种新的教学方式，因而和传统的教学方式相比，微课具有很多显著的特征，其显著的特征主要包括如下五个方面。

（一）微课的主题更加明确

教师在教学实践中应用微课的主要目的就是为了解决很多传统教学模式在课堂中无法解决的教学难题，例如，教学的知识点复杂且缺乏一定的逻辑性、教学的重点和难点不突出等问题。

一般情况下，教师在制作微课视频时，他们都已经有了明确的主题，一般教师制作的微课都是围绕着教学中的重点知识或者难点知识展开的，这样微课教学就能够有鲜明的主题，也能够易于学生的理解，帮助学生理清学习的思路，使学生轻松地掌握教学中的知识点。

（二）微课更加弹性便捷

在我国传统的教学模式中，课堂教学时间一般都是固定的，即每节课一般规定为 45 分钟。在微课教学中，微课视频的时间一般都比较短，只有 5 到 10 分钟的时间，因而年龄比较小的学生在学习微课视频时比较容易集中注意力，不容易分心，而且这些短小的视频也很容易吸引学生的注意力，激发学生的学习兴趣。

此外，微课的资源易于下载和储存，学生只需要携带移动设备就可以随时随地开展学习活动，非常便捷，具有极大的灵活性。

（三）微课实现共享交流

在互联网时代，网络为人们的生活提供了很多便利，它的显著优点就是网络可以实现资源的共享。由于微课教学依托于先进的网络技术，因而微课还有一个显著的特点，那就是微课可以实现资源的共享。

微课还可以为教师和学生提供一个网络信息交流的平台，当教学结束之后，教师就可以把相关的教学视频资料上传到网络上，从而供其他教师以及学生学习和借鉴。这也有利于教师之间切磋和学习，促进教师专业发展。

（四）微课的多元真实性

微课的多元特点主要是指微课的资源形式非常丰富，它不仅包括视频形式的微课资源，还包括微教案、微课件等教学资源，教学资源的形式是非常多样化的。和我国传统的课堂教学模式相比较，微课这种多样化的教学资源可以提升学生的学习兴趣，使教师的教学更加精彩。在日常的教学实践中，无论是教师还是学生，他们在利用微课资源时都能够从中学习很多东西。

对于学生而言，学生在利用微课学习时，他们可以利用相应的微练习来对已经学习过的知识进行练习和巩固，他们可以利用相应的微反馈来检查自己的学习效果，并查看错误题目的答案，巩固自己的知识。这整个过程可以大幅度提升每个学生的思维能力，使学生对自己的学习能力有更加清晰的认识。

对于教师而言，教师在制作微课的过程中也可以学习很多微课制作技巧，可以升华自身的教学技巧等，这个锻炼的过程也有利于教师的专业发展。微课的真实性特点主要是指微课在设计时都会选择真实的场景，从而使教师把微课和传统课堂教学结合起来。具体分析而言，教师在选择微课的场景时通常都会选择和所学专业相关的场景，如教师通常会选择高校的体育馆等场所来录制体育教学中相关的微课视频，又如教师通常会选择专业的化学实验室等场所来录制化学教学相关的微课视频资源，这样能够体现出微课的真实性。

（五）微课更加实践生动

前四个方面的特点使得微课受到社会各界人士的好评，对于一线教师来说更是如此。由于微课开发的主体是广大一线教师，加之微课开发的本身就是以高校的教学资源、教师的教学与学生的学习为基础的，越来越多的高校通过微课这种新的学习方式进行探索研究，挖掘本校的微课建设，本身就具有很强的实践性。

在实践的过程中，需要注意微课的表达方式，生动活泼不仅体现在精美的画面、动听的音乐以及明确的主题上，还体现在精心设计的流程及其相应的互动方式上。

第二节　体育教学中微课运用要点与优势

一、体育教学中微课的运用要点

（一）精心解读文本，科学整合教学内容

学校体育教学涉及的内容非常多，包括体育理论、心理健康、球类运动、田径运动等，因此教学的任务比较繁重，课程的时间安排上也非常紧凑。"体育微课主题突出、目标明确、短小精悍、以视频为表现形式的质性特点能满足学生体育学习的个性化需求。"[a]虽然体育教学内容多，但是并非所有的内容都适合采用微课的形式来进行教学。所以，教师必须对教材进行深入的研究，对其中的内容进行优化与整合，使各项内容有机地联系在一起。

例如对足球基本技术的教学来说，教师可将此内容整合为四个具体的项目，即基本特点、基本技术、基本战术和基本规则。这四个项目又各自可以划分为三个更具体的层次，即基础内容、提高内容以及拓展内容。基础内容包括运球（脚内侧、正脚背、外脚背）；运球过人；踢球（脚内侧、正脚背）；脚内侧接球；掷界外球；守门员接球。提高内容包括无球技术；大腿接球和胸部接球；头顶球；抢球技术的综合运用；守门员发球。拓展内容包括组织以阳光健身、快乐足球为主题的班级五人制足球对抗赛。

由此可见，经过整合的内容非常清晰明朗，为微课的制作奠定了良好的基础。此外，学生也可以从整合的内容中选择真正适合自己的内容进行学习，从而有效地满足了学生的多元化学习需求。

（二）准确把握微课设计要点，确保微课质量

1.凸显课程属性。由于微课是一种比较新颖的教学形式，因此很多体育老师对其了解得并不全面，认为利用微课开展体育教学，只要照搬一些其他课程的微课模式就可以了，殊不知，这样的体育微课很难体现出体育这门课程的特色，也会对体育教学的质量造成不良的影响。所以，体育教师在制作体育微课的时候，需要以"健康第一"理念作为根本的指导思想，在微课中凸显体育这门学科的特色，使知识、技能的传授同学生的身体锻炼和人格培养紧密结合在一起，不断提升学生的学习、生活质量。

---

a　邱伯聪：《体育微课的质性、制作与建议》，载《教学与管理》2015 年第 34 期，第 57-59 页。

2. 简短有趣。微课的时长通常在 5 ~ 10 分钟，这主要是为了更好地吸引学生的注意力。体育微课的设计也应当将时间控制在合理的范围内，为学生设置简短有趣的学习内容，营造宽松的学习氛围，使学生能够全身心地投入体育学习，培养良好的学习习惯。

3. 创新性。学生是一个思想比较活跃的群体，好奇心强，喜欢接触新事物，因此微课的制作应当迎合学生的这些特点，体现出创新性。具体来说，应当注意两个方面：一是微课的内容要具有时代性，贴近学生的生活实际，并且根据具体的情况随时进行更新；二是微课的画面以及内容的呈现形式要追求新颖，吸引学生的注意力，如将动作分解融入有趣的小故事中，强化学生的理解与记忆。

4. 系统性。体育课程设计的内容非常多，因此体育微课的制作很容易陷入碎片化的困境，这样就很难对学生的知识学习起到良好的辅助作用。所以，教师在制作体育微课的时候，要对教材的主线给予特别的关注，强调知识点组合的系统性。

5. 实用性。体育教学除了理论知识的教学之外，还包括技能的教学，而且技能教学占据主要的地位。因此体育微课的设计应当尽量做到通俗易懂、实用易学，与此同时，还要紧紧围绕体育技能的核心要素，将学习的重点加以突出，并且便于学生的自我检测。

二、微课在体育教学中的实现条件与优势

（一）微课在体育教学中的实现条件

1. 微课实现需要学生有优秀的自学能力

在微课教学中，学生必须具备较强的自学能力才能顺利地完成教师提前布置的学习任务，这就要求每个学生不断提升自身的自学能力。对于学生而言，其自学能力的提升和很多因素有关系，学生不仅要端正学习的态度，还要加强自身专注力的训练、提升自制力以及积极地排除很多消极因素的影响。

在实际的微课教学中，教师可以从三个方面来培养学生的自学能力：第一，教师要在教学中采用多样化的措施来提升学生的学习兴趣，学生只有对学习充满了浓厚的兴趣，他们才愿意投入体育的学习中去，他们才愿意花费时间以及精力来学习体育；第二，教师在教学中要多多鼓励学生，要多给予学生一些积极的评价，从而使每个学生都能够对自己充满信心，自信心对于学生而言非常重要，它能够让学生不断认可自我，这也可能成为学生不断进步的动力；第三，体育教师要和学生之间建立一种十分融洽、和谐的师生关系，这样在微课教学中，教师和学生是处于一种十分平等的地位，学生也能够在十分愉快的学习环境中学习体育知识，锻炼各项技能。

总之，教师应该在潜移默化中培养学生的自学能力，从而为微课的教学作准备。

2. 微课实现需要有先进的教育教学理念

基于信息化技术，各行业都开始了不同的变革，在教育领域也是如此。信息技术的支持，使我国的教育发展走上了快车道，各种信息技术应用在教育教学中，极大地提高了教育教学质量。信息技术使得各种教育设备具有了更高的可靠性，并且使用起来也更加便捷，网络技术的进步也使得教育教学不再受到地点以及时间的限制。先进的教育理论是实现信息技术与教学整合的必要前提，在教育教学中发挥着重要作用。从信息技术层面上看，信息技术在教育中应用的过程是信息技术手段在体育学科中的应用过程，而从教学改革上看，信息技术在教育中应用的过程则是教学改革的过程。理论与实践是相辅相成的，没有理论指导的实践是不会成功的，如果没有正确的理论作指导，教学改革将无法成功。

我国对推进信息技术在教育教学中的应用制订了一系列政策，提出了一些要求，例如，必须将优质的数字教学资源完善起来，将信息技术深入应用到教学中去，在教育教学中使用信息技术进行创新，使用信息技术来解决教育教学中的难题等。信息技术使人们的教学和学习活动有了更加广阔的空间，不仅可以进行实时学习，而且可以进行异地异时学习。教师和学生之间不再是简单的课堂上的联系，而是借助信息技术开展远程教学、网络协作教学等，这些多种多样的教学模式将教育与教学引入了一个更加高效的阶段。在信息化的教学环境中，教师和学生不再被动地讲解和学习知识，而是充分发挥网络的作用，教师可以在线指导学生开展学习，也可以让学生自学，然后将疑问传递给教师，这种教学模式很好地解决了教师和学生不同步的问题。并且，学生可以随时随地开展移动学习，充分利用自己的碎片化时间。

在微课模式下，教学变得更为简单。对于学生来说，就可以根据自己的步调进行学习，这样调整了自己的学习状态，化被动为主动，学生显然可以根据自己的兴趣开展学习，在此种背景下，学生学习的主动性就会得到发挥，开展自主学习，从而提高学生的自信心。由于微课的时长较短，则它占据的内存就比较少，下载只需要花费很少的流量，方便了学生在移动设备上观看和下载学习。微课视频还具有一些其他功能，例如可以随时观看和暂停、随时快进和后退，这些都为学生的学习提供了很大的方便。学生观看微课视频之后，如果不理解，还可以反复观看，当看到有兴趣的内容时也可以再次观看。微课还方便了学生在任何时间和任何地点来学习，没有课堂上学习的时间和空间限制，真正实现了碎片化的学习。微课打破了传统教学模式的限制，将各种优秀教师的教学课件、教学视频集中到微课平台上，使学生能够轻松地获得优质的学习资源，感受名师的教学课堂。微课拓宽了学生的学习渠道，丰富了教学资源，有助于学生掌握多元知识。这种微课视频学习方式，对教学和学习带来的变革是历史性的，也符合我国建设信息化教学的要求。微课真正将信息技术与教育教学结合起来，培养了学生自主学习的能力。

总之，微课利用现代信息技术实现了信息化教学，这种教学方式的更新极大地调动了学生的学习兴趣，也解放了教师的双手，使教师有更多的时间研究教学，而不是制订教学内容，这是时代发展的结果，也是教学的发展趋势。

3. 微课实现需要有成熟的现代信息技术

信息革命浪潮的兴起，促进了互联网的全球化普及，让世界各地的人可以更加近距离地交流。信息技术的发展同样也带动了其他技术变革，对社会发展产生了非常重要、深刻的影响。现代社会是信息化社会，所有领域都在试图利用信息技术进行变革，信息技术的快速发展对社会的发展产生了不小的影响，也提出了比较高的要求。在这一社会转型时期，人们必须转变观念，用新的眼光来审视教育制度，对教学模式予以创新，并重点思考怎样在教学中运用信息技术，使信息技术成为教学改革的重要推动力。在这一高速前行的信息化潮流中，教育的目的也发生了变化，其中一个比较重要的目的就是，使人借助信息技术来丰富自己的知识，提高自己的专业技能。信息技术对教育的变革体现在很多方面，一方面，它改变了人们的学习习惯与学习方式；另一方面，它改变了高校长期以来固有的教学模式。

鉴于此，高校也要转变既有观念，重新审视技术在教学中的重要性，要适当引入信息技术，使其可以在教学变革中发挥重要作用。新型教学模式的开展离不开多功能教室的支持，在网络的支持下，教师可以根据教学需要从而创设出不同的教学情境。当教师利用信息技术向学生展示教学内容的时候，多方位的展示显然会加深学生对知识的了解，这样也利于课程的顺利开展。

（二）微课在体育教学中的实现优势

1. 微课促进着高校教育教学模式改革

对高校教育来说，微课是一项十分宝贵的教学资源，同时它也为高校的教育教学改革奠定了重要的基础。微课的价值和意义是深远的，它不仅会对学生产生很大的影响，还会对教师产生很大的影响，同时微课还有利于教师的专业发展。在我国一直实施的教学改革中，微课也是重要的组成部分。

目前，随着信息技术的快速发展，已经有各级各类的高校开始尝试在线教育，并且成为高校教育重要的补充方式。在人们的日常生活中有很多场合运用了在线教育，如寒假或者暑假时间，学生利用在线教育完成教师安排和布置的教学任务。在具体的在线教育实践中，微课就成为重要的学习资源，微课的优点很多，它的内容重点突出，它的时间一般比较短，能够快速吸引学生的注意力等。微课的这些优点就使微课成为在线教育重要的学习资源。对于教师而言，教师如果直接从网络中下载教学视频资源，教师往往还需要花费大量的时间和精力来处理这些教学视频资源，而教师如果利用微课开展教学则可以省去处理的时间，因为微课往往知识点清晰，易于教师使用。

2. 微课优化校外教育的形式

随着越来越多的人熟悉和应用微课，目前我国有不少的在线教育企业尝试着把微课应用到在线教育实践中，从而体现出微课的商业价值。在在线教育中，微课的应用非常广泛，并取得了显著的教学效果，如中学生以及小学生的课外辅导中以及社会人员专业技能学习等方面。

随着信息技术的快速发展，我国涌现出了很多开展在线教育的企业，其中有一些企业最初是开展线下课外教育，后来进一步开展线上教育的企业，还有一些企业直接就是开展面对中小学生的在线教育。虽然这些在线教育企业的发展步伐并不一致，但是它们都在教学实践中融入了微课，这种线上教育模式具有很大的优势，能够为学习者营造良好的学习氛围，并节约学习者的时间，提升学习者的学习效率。

3. 微课有助于明确体育教学内容与资源

微课教学通常针对的是课堂教学中的重难点内容，学生在经过微课学习之后，能够对重点知识形成系统的把握，也能够对学习中的难点有一定的了解，从而积极寻求教师的帮助。体育教学利用微课开展教学，能够在很大程度上提升课堂教学的针对性，这样一来，由于前期学生已经自主学习了相关的内容，教师在开展课堂教学时会更加顺利，与此同时，教师还可以根据学生的学习情况进行一定的补充与延伸，不断增强学生的体育学习效果，从而促进体育教学水平的提升。

体育教师在对微课的内容进行设计时，不仅需要根据高校的教学要求，还要充分考虑学生的实际学习需求，不断优化教学计划与知识结构，以促进体育教学目标的顺利实现。

微课作为传统教学与信息化教学良好结合的育人形式，根据互联网技术，为学生开放网络开放课程，还能通过引入国内外名师授课内容，激发学生的学习兴趣。同时，教师也可以通过搜索优秀运动员比赛视频、自己录制视频的形式，加强体育教学资源的合理整合，丰富学生在课堂学习的内容。此外，教师还可以将制作好的微课教学视频，在课前发送给学生，让学生在课前通过网络自主预习和巩固课上所学知识，使学生能够随时随地了解体育课堂教学资源和丰富的学习内容，让学生的学习不再受到场地和时间的限制。

由于微课教学充分利用了多媒体的优势，将文字、图片、音频、视频等资源有机地整合在一起，使体育教学内容更加直观、形象、生动，从而营造了良好的学习氛围，有助于增强学生对知识的理解与记忆。

4. 课程教学时间短，利于学生反复学习

在微课教学中，一个具有决定性影响的部分就是教学视频。对于体育微课教学来说，这一点也不例外。在应用微课的时候，体育教师需要考虑众多因素，如学生的学习情况、不同院系学生的差异等，在此基础上制作针对性比较强的教学视频。当前多媒体技术飞速发展，在计算机的辅助之下，即使计算机水平比较低的教师能够比较轻松地完成视频的录制。在教学视频中，教师对学生体育练习中遇到的问题进行重点讲解，并且通过亲身示范来向学生展示一些比较关键的动作，学生在学习微课的时候，可以反复观看教学视频，达到掌握各种动作的目的。此外，由于微课的教学视频比较短小，往往在 10 分钟之内，学生可以在课下利用碎片化的时间随时随地观看学习，这为学生的学习带来了非常大的便利，也有助于体育教学水平的提升。就当前而言，高校的体育教学明显存在课时少、课程设置不合理的问题，这就导致学生的体育学习时间非常有限，也无法很好地掌握教师在课堂上所传授的内容，而教学视频则有效地弥补了这方面的不足，使课堂体育教学得到了很好的补充。

5. 微课可以激发学生积极性和自觉性

大学生正处于人生中的青年阶段，追求个性、敢于突破，对事物充满好奇心与新鲜感。微课是一种新兴的教学形式，对于学生来说，具有非常强的吸引力。将微课应用于体育教学，能够为学生提供一种崭新的学习平台，增加学生之间的互动交流，使学生的学习更加高效与便捷，从而最大限度地激发学生的学习主动性与积极性。在体育微课教学中，教学视频是最主要的教学载体，教师围绕教学内容，选择合适的素材，制作教学课件，设计教学环节，并辅之以必要的教学反思、教学点评、测试考核等，从而构成涵盖诸多内容的体育教学微课，这样的体育教学具有内容充实、结构紧凑等诸多优势，能够极大地激发学生的学习积极性，从而促进体育教学质量的不断提升。

除此以外，教师在运用微课的时候，还可以充分利用网络平台设置各种各样的互动活动，增加师生之间以及学生之间的交流，营造良好的教学氛围，构建和谐的师生关系，使学生在轻松、和谐的环境中开展各种学习活动。与此同时，教师也可以在与学生的交流互动中了解学生的体育学习情况，并在此基础上对自己的教学计划与教学内容进行适当的调整，以促进体育教学质量的提升。由此可见，微课应用于体育教学不仅是必要的，而且是非常重要的。

6. 微课促进教师的专业发展

通常情况下，教师在教学实践中主要是向其他的教师同行学习和取经，从他们身上学习宝贵的教学经验。然而在一个高校里面，教师的数量毕竟是有限的，教师在实践中可以学习和参考的教师是有限的。在体育教学中开展微课教学则可以使教师扩大自己的交际圈，体育教师可以认识和学习很多其他优秀体育教师的教学经验，反思自己的教学过程、方法等，从而改进自身的教学。微课资源的制作者就是辛勤的教师，这些微课包含教师的教学思路和智慧，因而在教师实践社区中，不同的教师在交流和探讨微课资源时也是在学习和借鉴其他教师的智慧。这种交流和沟通有利于体育教师的专业发展。

7. 微课推动体育教学评价的全面和多样化发展

应用微课教学模式，可以转变传统的教学评价方式，传统教学评价方式主要针对学生的出勤率、成绩考核情况等，考核方式容易流于形式和表面。在微课教学中，学生的教学评价可以分为课前、课中以及课后的三个阶段，并且采用考勤、习题、运动技能学习考核指标有机结合的方式，尽可能地从多维度了解学生运动参与、运动技能、身心健康的实际评价结果，这样也能让体育教学和评价指标更多样、全面，提升评价的真实性和可信度。

第三节　体育微课教学设计构建与提升策略

随着智能终端、移动互联网的迅速发展，以互联网技术为基础的微信、微博、微视频为文化交流手段的"微时代"已经到来，它是一种追求个性化、碎片化、迅速更新信息的互联网环境。"互联网＋"教育时代的"微课程"以其时间短、内容精、碎片化、涉及范围广、不受时间限制等优势，成为未来线上教学的必然发展趋势。"基于信息化时代的体育微课设计与制作，为分析和解决主动地'教'和自主地'学'提供新的研究思路。"[a]

一、体育微课教学设计的理念与要求

（一）体育微课教学设计的理念

1. 体育微课教学设计目标制订的合理性。体育微课教学目标是根据课程内容本身而制订的，在兼顾连续效应的情况下，更注重单节微课的教学目标实现度。如某节体育微课是以体育理论知识为重点，那么应强调构建以此知识点本身为依托的整体知识框架，从而试图完善理论体系；若某个体育微课是注重运动技能的，那么就突出对此技能讲解的直观性、规范性，尤其重视教学视频制作的视觉冲击性，让教学过程在培养运动技能的基础上，关

---

a　肖威：《体育类微课设计流程与制作方法》，载《体育学刊》2017 年第 24 卷第 2 期，第 102-108 页。

注学生运动兴趣的培养，以顺应学生的心理发展特征。

2. 体育微课教学设计内容选择的科学性。"互联网+"教育背景下的体育微课教学设计的内容选择应更有针对性和层次性，要充分利用微课的优势突出知识脉络的层级递进，使教学时间的分配更科学，更能符合不同需求层次的人，使观看教学视频的人能够选择适合自己水平的课程，并通过弥补自己原有知识结构的缺口，从而建构属于自己的完整知识体系。在"互联网+"教育中所提倡的碎片化学习理念的指导下完善4A教学形式，即信息资源的获取和推送可以发生在任何时间、任何地点、任何人、任何方式（Anytime、Anywhere、Anybody、Anyway，简称A4）。在"互联网+"教育背景下的体育微课教学设计中，能更科学、合理、有效地实现运动知识和运动技术的教学，促进教学设计内容选择的科学性。

3. 突出体育微课教学设计学生的差异性。"互联网+"教育环境下的体育微课教学设计的准备阶段，应深入剖析体育微课教学视频的使用对象，关注微课学生的差异性，在"碎片化"理念的预设下进行教学设计目标预定、教学内容的合理分解，建立良好的层级选择空间、梳理知识体系、完善体育微课教学设计的整体结构，便于有差异性的微课程适应不同层次的学生。因而在作体育微课教学设计的对象剖析时，应充分考虑受众的差异性问题。

（二）体育微课教学设计的要求

1. 注重虚拟环境与实践环境交互

在"互联网+"教育下的体育微课教学设计中，体育实践教学是由虚拟教学环境与实践教学环境相交互形成的教学过程，教育多元化的特点尤为明显。体育微课教学设计必须以学生为主体进行教学层次分析，充分考虑到不同基础、不同需求、不同理解能力、不同教育背景下的人对教学视频的理解程度，通过教学反馈加以调整。在这种交互的虚拟学习环境下，既辅助学习者在短时间内认识、了解、掌握新的体育理论或运动技术，又能调动学习者的积极主动性，更重要的是可以提高教师的教学效率，达到虚拟环境与实践环境的良好交互。

2. 关注设计目标的双重性

体育微课教学设计中的教学目标设定是体育微课教学的起始点和着陆点，是体育教学实施和评价的依据，教学内容应以体育教学目标为依据。因此，体育微课教学目标应充分发挥教学目标的导向性和监控性，由以往单一的体育教学目标转变为"多层次"的多重教学目标，着重于学生对本节体育课程理论目标和技能目标完成水平程度，在实现基本目标的同时促进学生对运动理论的掌握及对技能的灵活运用。

3. 突出学生需求的主体性

体育微课教学设计是结合学生的基本学情和教学目标进行整理设计的，在整合时要以受教育者的运动知识、运动技能、运动情感和运动态度等方面为重点。如利用体育微课平台找到要学习的相关视频进行课前预习和课后复习。教师可以结合学生的学习情况，进行深入的讲解和练习，巩固运动技能的学习。结合运动实践促进学生对体育技能进一步掌握，并加以运用。体育微课教学设计是教学过程中的重要组成部分，应有整体观和主题观。

4. 凸显教学任务的前沿性

体育微课教学设计根据当前的教学任务目标，应积极挖掘学生的学习主体性，发挥教师的主导作用。教师利用"线上＋线下"的教学模式向学生传递体育理论知识和基础的体育技能，从而对今后体育知识技能的深入教学作铺垫。在继承传统体育教学任务精髓的基础上，在思维方式、设计方法等方面打破常规、突破禁锢、敢于创新，引导教师积极完成教学任务，同时培养学生完成学习任务的能力。运用新式的教学理念、手段及设计，一方面增强了教师与学生之间的交互性，另一方面也逐步打破了传统模式的教学任务流程。

5. 强调网络资源整合的有效性

体育微课教学设计的切入点是关注学生的进步和发展、关注教学效益，从而进行多元化的教学设计。微课制作过程中应注重培养学生的知识体系，强调教师与学生之间的双边、多边活动的过程，其宗旨是为了完备学生的知识体系。通过新型教学策略的创设鼓励学生积极参与教学活动，也促进了体育教师和学生之间的共同学习，铸就了人性化的"互构"教育教学环境。体育微课教学策略成为有效信息的资源，不仅引导学生对体育课堂教学产生兴趣，而且通过体验学习实现自我需求，从而不断地提高学生的自身素养，也引领体育教育不断地向前发展。

6. 加强评价的表现性及精准性

体育微课评价是通过在线的方式进行交互的，教师更着重对受教育者进行激励性评价的方式，逐步引导学生在知识与技能获得的过程中发现自身的优势和不足，从而辅助学生领悟问题的本质，以便在今后学习中规避类似问题。体育微课的教学课堂将出现多元互动立体的评价机制，多方面地发展学生的潜力，能从以往内容单一的体育教学评价转变到对体育知识、体育技能、体育情感和体育参与等多维度的精准评价，在评价中根据学生对体育新知识的学习表现给予及时评价。

二、体育微课教学模式的设计构建

（一）体育微课教学模式的设计流程与要求

1. 体育微课教学模式的设计流程

在设计微课的时候，需要对学生进行细致的分析，在仔细斟酌的基础上选择微课的内容，充分考虑学生的实际学习需求，对课堂的主题进行细化处理，根据需求合理地选择各种教学媒体和软件。设计好微课之后，可以在网络或者课堂上试用，根据试用的效果对微课进行优化调整，从而使其更加符合实际的教学需求。微课设计模式主要包括以下方面的内容。

（1）明确微课设计学习目标。每一门课程都有其具体的教学目标，体育教学自然也不例外。体育微课的设计要根据教学目标的要求对重难点进行合理的设计。在此基础上，紧紧围绕教学目标对具体的教学过程进行设计。需要注意的是，学习目标的设定应当在充分考虑学生的基础上进行，这样才能使目标更加具有针对性。

（2）学生分析。如学生学习方面有何特点、学习方法怎样、习惯怎样、兴趣如何、成绩如何等，将学生的各种情况充分考虑在内，尽量使微课的设计具体到每一个细小的环节，以满足学生的多元化需求。

（3）学习内容分析。对知识之间的关系进行细致的梳理，可以在教学内容之后设计一些具体的练习，以便于及时把握学生的学习情况，从而获知学生微课学习中的重难点。在体育微课学习中，知识点是相对完整的学习内容，也是课程目标之下最小的知识单元，某一个概念或者动作要点都属于一个相对独立、完整的知识点。

（4）选择学习策略。在进行体育微课设计时，要重视学生的主体地位，根据具体的学习内容及学生的实际需求选择适当的教学方法。这对于学生更好地掌握学习内容是至关重要的。

（5）课程资源开发。微课作为一种新兴的教学形式，具有非常强的开放性与互动性，其资源也不局限于传统的教材与课本，而是多元化的，因此对微课资源进行开发时，要充分利用互联网的优势，注重资源的多元化。

（6）学习活动设计。微课的时间虽然比较有限，但是其内容是完整的，因此微课也包括多个教学环节，每一教学活动的设计都要以学生的实际学习情况为前提，辅之以教师的指导，在各种学习活动中不断推动学生学习能力的提升。

（7）评价设计。微课教学评价的设计主要是为了了解微课最终所实现的学习目标是否同预期的一致。在进行评价设计时，要注意评价的多样性与全面性。

（8）微课在学习活动中实施与评价反馈。微课在具体实施过程中的开展情况以及最终所实现的效果，都能够为微课的进一步调整与完善提供有效的依据。

2. 体育微课教学模式的设计要求

在体育教学中应用微课教学模式，应当首先对其目标进行明确的定位，并综合考虑多方面的因素，才能使微课发挥价值。在对体育微课进行设计的时候，应该遵循定向性原则，将体育学科的内涵作为中心，紧紧围绕体育课程的培养目标开展各项工作，重视教学内容的设置，尊重学生的主体地位，使体育微课真正适合学生的需求，发挥原有的价值。

课程的设计往往需要根据学科的教学大纲与教学计划来进行，体育微课作为一种微缩版的课程形式，其设计自然也不例外。微课具有非常强的开放性，并且具备良好的开发潜能，能够使学生在学习中获得更多的自主权，因此微课对于体育教学具有非常重要的意义。

（1）在对体育微课进行设计的时候，要将微课与课堂教学紧密结合在一起。通常来说，体育课中都会有体育常规，微课也应当重视与体育常规的结合。微课是一种针对性较强的课程形式，其中的教学内容涉及了重点、难点或者是个别知识点的讲解，与体育教学结合在一起，能够使两者相辅相成、互为补充。每一所高校都有其自身的办学特色，微课的设计应当充分与高校的体育办学特色结合在一起，打造具有特色的体育微课。微课的设计应当尊重学生的主体地位，重视学生主观能动性的发挥，并且充分结合学生的兴趣，向学生展现更丰富的学习内容，从而不断增强体育教学的效果。

（2）体育微课的设计必须将体育学科的定位作为指引，在对微课进行设计的时候，要对各种因素进行充分的考虑，如高校对于体育课的标准定位、高校对于学生的培养目标等，否则会导致微课失去其本身的价值。

（3）在对体育微课进行设计的时候，应当重视体育知识的筛选，将知识点的数量控制在合理的范围之内。微课作为一种新兴的教学形式，顺应了时代的潮流与高校教学的需要，因此，体育微课的设计也应当将满足实际的教学需求作为根本的出发点。体育微课重在对体育教学中的重点、难点进行讲解，具有很强的针对性。但是，这并不是说在微课中可以随意设置教学内容，而是要在教学内容保持完整与系统的前提下进行开展微课设计活动。

（4）体育微课的设计不应对一些现成的教学案例进行照搬，而是要重视微课内容的创新性，并且在微课中充分体现出体育教学重视学生身体锻炼的教学理念，使学生将体育知识的学习与体育锻炼充分结合在一起，最大限度地发挥体育微课教学的价值。

在对体育微课教学进行设计的时候，应当充分考虑三个方面的因素：第一，课程资源，即依据课程的教学目标向学生所呈现的具体的学习内容，这也是教材中比较重视的重点与难点；第二，学习活动，即微课实施的教学过程以及学生所开展的各种学习活动，这方面主要是通过教学的各个环节来体现出来；第三，反馈评价，微课的反馈评价来自微课设计者、教师以及学生这三个方面所作出的综合性评价，缺少其中任何一方面，反馈评价的结果都不能作为最终的结果。

微课是一种新兴的教学资源，它的发展是建立在实际的教学需求之上的，尤其是它能够紧紧围绕体育教学的知识点展开教学，因此在体育课程中的应用体现出非常强的针对性。体育微课的设计必须在保持这一学科教学内容完整性的前提下来进行，对于知识点的选择不仅应当重视数量，还应当注重质量，充分体现体育课程的系统性与完整性。

（二）体育微课教学模式设计的分类

体育教学具有其自身的特点，根据这一特点可以将体育微课划分为体育理论微课和体育实践微课两种类型。

1.体育理论课程设计

体育课程的教学是紧紧围绕教学内容来展开的，教学活动既包括教师的教，也包括学生的学，是教与学有机统一的双向活动。在体育理论教学中，有三个对象的参与，即教师、学生与媒介，教师采用适当的教学方法，辅之以必要的教学媒介，使学生掌握体育理论知识，培养学生良好的体育学习能力与高尚的情操。体育理论的教学既要重视教师的教，也要重视学生的学，教师所开展的教学活动要有一定的目的性与计划性，并重视学生学习活动的反馈。此外，随着社会对人才的要求越来越高，体育理论微课教学也要跟随时代的步伐，不断创新教学内容与教学形式，以满足学生日益增长的学习需求。

（1）合理设计课前教学准备阶段。

首先，教师在应用微课教学的过程中，可以结合体育课的实际教学内容，为学生制作体育课堂教学的微课视频，然后发送给学生，让学生进行自主学习。以篮球课堂教学为例，课前教师可以结合本节课学生所要学习的篮球技巧，以及篮球技巧在应用过程中的主要情形、运动原理等，为学生制作微课教学视频，让学生能够在授课之前对本堂体育课内容有一个简要的了解，进而为课堂教学工作的顺利开展提供便利。

其次，在微课教学视频制作的过程中，教师可以结合一定的教学要求向学生提出问题，使学生能够在自主学习和课前预习的过程中回答问题，提升课前互动的教学效果，这样也能更好地激发出学生的学习兴趣。以体育篮球教学为例，高中学生在篮球运动中都有其喜爱的篮球运动员，教师可以引导学生回答问题，比如"谁是你最喜欢的篮球运动员？为什么喜欢？喜欢哪个动作？"。让学生在微课视频学习和预习中回答问题，能更好地将体育教学内容和本堂课的教学内容体现出来，增强教学的连贯性。

（2）完善体育课堂中的教学互动环节。在体育课堂教学中应用微课，需要完善体育课堂中的教学互动环节。与其他文化课教学相比，体育课堂教学更加注重实验性与实践性。因此，在微课教学的过程中，可以完善教学互动环节，加强师生之间的有效互动交流。比如，教师可以在体育课堂教学期间，结合演示型的微课教学视频，向学生讲解本堂课的教学内容，还可以通过为学生展示运动要领相关的视频，保持学生在课堂学习的注意力，这样也能让学生直观地了解体育学习知识。

同时，教师在讲解体育运动要领和具体体育器具的使用方法时，可以引导学生采用模仿的方式，合理感受体育运动过程中的要领和关键，从而推动师生互动教学的有效发展。在课堂教学环节中，教师也可以通过微课练习法，让学生参与到微课体育教学问题的回答和解决中，控制与纠正学生的体育动作，并且让学生进行反复练习，正确掌握运动习惯、运动技巧，提升学生的运动技能。此外，在体育课堂教学互动环节中，针对一些健美操体育课、啦啦操体育课，教师可以与学生一起做示范动作、一起学习体育视频中的动作，引导学生参与集体模仿和表演，提升教学效果。

（3）组织体育课后练习活动。在微课教学应用过程中，微课教学方式的设计与实践在课堂教学结束后，还需要组织学生的课后教学实践活动与评价工作。教师可以为学生制作课后复习与巩固的视频，然后让学生对某些体育技能进行复习和巩固，充分参与课外活动，加强体育锻炼。同时，教师可以结合微课教学模式，为学生设置针对学生体育学习能力和技能考查的课后习题。以篮球课为例，在篮球课的微课教学中，需要学生正确和熟练掌握篮球技巧，加强课外延伸部分，还要通过制作微课课后习题的形式，让学生共同参与到篮球技巧的学习和问题回答中，帮助学生感受微课教学模式的应用价值，提升体育教学水平。

2. 体育实践微课设计

由于体育教学有其自身的特点，这就决定了这门课程的教学要将体育实践课的教学作为主体部分，而且教学活动也大多是在室外开展的。在体育实践课教学中，教师做出各种动作，学生进行观察并模仿学习。这一教学过程中，只有教师具备比较高的教学水平与示范水平，才能将各种动作教给学生，并使学生掌握动作的要领。但是，每一位体育教师都有自己所擅长的一面，也必然有不擅长的一面，很多教师在课堂上通常是将自己擅长的动作教给学生，而学生对于其他内容则知之甚少，这就导致体育教学存在着一定的局限性，长此以往，也会对学生的全面发展产生不良的影响。将微课应用于体育实践微课教学，可以有效地解决这一问题，教师在微课中将各种体育知识与动作全方位地呈现给学生，使学生更加直观地了解到自己所需要学习的内容，这种方式不仅可以激发学生的学习兴趣，而且能够不断推动体育实践课教学质量的提升。

将微课应用于体育实践课教学应当注意以下方面的内容。

第一，在选择教学内容的时候，要遵循从浅到深、从易到难的原则，如果遇到一些知识点或内容需要进行拆分或整合的时候，处理起来应当非常谨慎。

第二，应用微课的时候，应当充分体现学生的主体地位，注重激发学生的学习积极性与主动性。为了体现出学生的主体作用，教师需要充分考虑学生的实际情况，如学习水平、性格特点等，在此基础上设计出来的微课才能真正满足学生的学习需求，实现促进学生全面发展的目的。

第三，在设计微课的时候，教师要考虑两点：①微课是不是可以对学生的学习起到支持作用；②微课是不是可以帮学生完善知识体系。所以，体育微课的设计必须立足现实的教学情况，根据教学目标的要求以及高校自身的办学特点，有针对性地选择体育项目，使学生既能学会，又能用到实践之中。

第四，兴趣是最好的教师，体育微课的设计应当选择能够激发学生兴趣的内容。只有学生产生了兴趣，才能够投入体育学习之中，真正将终身体育的思想融入自己的内心深处，做到活到老、学到老、练到老。

第五，在设计微课的时候，应当一切从学生的实际情况出发，将学生自主学习能力与互助学习能力的提升作为教学目标，并且将学生的兴趣特点与社会的需求考虑在内。为学生提供更多的自由选择学习内容、学习时间、学习地点的机会，以促进学生学习效率的提升。

（三）体育微课教学模式的构建原则

1. 适时分解原则

微课一个非常显著的特点就是使用方便，不受时间、地点的限制，所以，微课的容量体积自然就小，一节微课中所涵盖的内容量比较少，学完一节课所花费的时间也比较短。然而，这并不是说微课的设计是随意的，相反，微课同一般的课程一样，具有非常强的整体性与完整性，它强调对教学内容进行适时的分解。因此，在进行微课设计的时候，必须遵循适时分解的原则，对具体的学习内容、学习方式以及学习环境等内容进行充分的考虑。

2. 聚焦性原则

在进行微课设计的时候，应当重视知识点的选择，将目光聚焦在重难点或者是考点上，使微课所涵盖的知识点更具有针对性。就体育微课的设计来说，遵循聚焦性原则是非常重要的，教师应当注重在微课中融入运动技能的重难点分解、容易出现的失误等真正为学生所需的知识点。如果学生对某些运动项目的需求比较多的话，教师则可以充分考虑项目本身的特点，抓住其中的重难点，制作真正适合学生的体育微课。

3. 简明性原则

微课之所以在时间上比较短暂，主要是考虑了学生在注意力集中方面的特点。通常而言，人的注意力在 5 ~ 10 分钟的时间内是最佳的，所以微课抓住了这一特点，力图在学生注意力最集中的时间里完成对知识的学习。因此，微课在知识点的选择上应当非常简明扼要，将重难点知识以及核心的技能技术重点突出，以有效地吸引学生的注意力。

除此以外，语言的运用也要遵循简明性的原则，力图用最简洁的语言将知识点呈现出来，增强学生的理解与记忆效果。就当前而言，高校学生普遍具备了运用互联网搜集资料的能力，加上之前已经具备了一定的运动基础，所以大多数学生都能够很快地掌握一些比较基础的体育知识。所以，教师设计微课时应当充分考虑这一现状，力图使微课重点突出，简单明了，使学生能够更好地利用微课开展体育学习。

（四）体育教学微课视频的制作过程与要点

1. 体育教学微课视频的制作过程

微课的主体部分是短小的视频，旨在对一个知识点的内容与方法进行突出的呈现，以达到促进学生掌握的目的。微视频的质量能够对微课的教学效果产生直接的影响。

（1）微视频制作标准。在制作微视频之前，需要做的是对其具体风格加以明确，使整体的风格与教学内容相适应。具体来说，微视频的风格包括画面的基本色调、整体的画面布局以及字幕与配音等方面。

（2）微视频内容选择。内容的选择也是微视频制作时一个必须关注的方面。在制作之前，应当广泛搜集各种相关的素材，然后从中选择最适合的加以运用。需要注意的是，微视频内容的选择应当注意三个方面：①微视频的内容要与学生的审美需求相一致，严格遵循课程内容的要求，并且与教学内容的相关程度比较高；②微视频内容要真正满足学生的实际学习需求，与学生的认知特点相符合，真正体现学生的主体地位；③微视频的内容应当具备较强的实用性，真正为教学活动服务。只有这样，微视频的内容才会更加丰富，质量也才会更高，也才能保障最终的微课质量，实现促进教学质量提升的目的。

（3）微视频整合内容。在微视频制作时，制作者对已经选定的教学资源划分目标等级，可分为 A、B、C、D、E、F 等级。其中，A 级是优秀，与教学的目标及制作要求完全符合。B 级为良好，与教学的目标及制作要求基本符合。其余等级依次类推。如果教学资源比较充足，则尽量不要使用 D 级以下的素材内容。这样一来，微视频在质量上就有了更好的保障，也能够更有效地推动教学目标的实现。

（4）微视频模块划分。微视频的时长虽然比较短，只有 5 ~ 10 分钟的时间，但是它在知识点的讲解方面还是非常详尽的。在有限的微视频的时间里，制作者要对微视频中的知识点进行深入地挖掘，并进行知识点模块的划分，这样也能够为脚本的制作带来极大的便利。

（5）微视频脚本制作。微视频的脚本有一定的顺序要求，它是教学内容与教学课程的具体表现，主要包括以下三个方面的内容。

①文字稿本编写。文字稿本是对文字制作意图的说明，目的在于让大家对微课的教学内容与目标形成全面的了解。对微课的具体开展形式、使用的语言等采用文字的形式加以记录，并且辅之以必要的解释，对于微视频是非常重要的。

②微视频脚本的整体制作。微视频脚本的整体制作包括的内容比较多，如微课的整体画面、运用的图形与文字、微课的展现方式等。

微视频脚本的整体制作主要关注以下四个方面的内容。

一是主界面。对视频中素材的大体蓝图进行勾勒，包括对材料进行整体的初步规划以及对材料的放置位置加以安排。

二是材料的位置顺序安排以及画面布局意图的解释。对制作过程中的具体安排进行具体的解释说明。

三是知识点与模块的编号。目的在于对教学的具体情况进行记录，以更好地进行知识点的查漏补缺。

四是视频素材的类型。目的在于审查现有的资源是否足以支撑其每一个知识点的呈现。

③详细脚本制作。对脚本制作的目标和意图加以把握，并且对微课制作的各个部分的应用进行全面、详细地描述。微课详细脚本的制作应当注意两点。一是动画说明和文字解说。动画说明是为了对动画之间或者是素材之间的跳转关系进行说明，包括动画进入方式的说明以及键出方式的说明。文字解说是对微课中所讲解的内容进行的注解，旨在使微课制作者对脚本制作者的意图形成明确的把握。二是知识点的编号。对知识点进行编号，并且与另外的表格对接在一起，以体现出微课制作的紧密性特点。

（6）微视频创作制作。在制作微视频时，应当注意知识内容的科学性与准确性，并且与学生的认知目标相一致，这样才能够对学生的学习起到良好的辅助作用。与此同时，在制作微视频时，应当保持思路清晰，视频的主线也要明朗，力图为学生呈现具有美感的画面，以有效地激发学生的学习兴趣和求知欲。此外，微视频还应当体现出一定的创意。

通常来说，体育微视频的制作包含以下基本的流程。

①微视频选题。在制作微视频的整个流程中，选题与选素材是最先需要解决的问题，微视频制作的成功与否会直接受到选题的影响。

②微视频制作。在开始制作微视频之前，应当首先确定一个整体的思路，具体包括三个方面：一是界面图画的制作，制作界面图画，应当遵循三个原则，即简明化、趣味化以及风格统一；二是教学的制作，换句话来说，就是对教与学的整个过程进行制作，其中涵盖的内容众多，包括教学的任务、教学的方法、教学的目标等；三是结构的制作，结构一般体现为表格的形式，其制作与教学的制作之间具有非常密切的联系，可以视作教学制作的延伸。结构的制作主要包括三个方面的内容，即总体的结构、教学内容的结构以及内容控制结构。

③制作脚本。在微视频开发之前，通常需要先作一个规划，这个规划也就是脚本。脚本的制作源自教学内容与教学过程，编写脚本就是对微视频中各种知识点的呈现方式，如画面组成、出现的形式和顺序等进行详细地安排，以便于微视频制作的正常进行。然而，值得注意的是，制作脚本时需要充分考虑教学大纲的要求，并且结合学科自身的特点、目标以及学生的实际情况，增加创意，力图吸引学生的注意力，激发学生参与学习的积极性与主动性。

④教学准备。微视频虽然时长有限，但其中所讲解的知识点是完整的，所以，为了使知识点的讲解更加透彻、清晰，做好教学准备工作是必需的。具体来说，教学准备包括制作微视频所需要的各种资源与工具以及场地、人员等。

⑤录制视频。录制微视频可以采用两种方式：一是拍摄；二是录屏。录制时可以根据实际需求加以选择。

⑥后期编辑。微视频的后期编辑涉及的内容众多，如视频开头的导入、视频内容的编辑、具体内容的解说、视频结尾的制作以及各种相关音频和视频的插入等。

综上所述，微视频的制作包括以上六个流程，在制作完成之后，需要积极接受来自各方面的反馈，并针对其中存在的问题进行及时的修改，以促进微视频质量的不断提升。

2. 体育教学微课视频的制作要点

体育微课与其他类型微课相比有其特殊的地方，即学生需要掌握教师口头讲授理论同时，还需要从视频中学习动态的技术动作。因此，在视频内容设计中必须考虑到学生学习动作的可能性与可行性，这是体育微课设计的基本性要求。微课的成形需要教师的教学内容设计、拟定拍摄脚本、实地拍摄和后期制作四个步骤来完成，最终通过直接的动作展示和教师的口头讲授达到教授体育理论知识和动作技术要领的目的。

（1）导入式教学视频的制作要点。体育微课不仅是一堂单纯的体育课教学片段，而且是有一定教育性和艺术性要求的，因此，教师在设计微课内容时，应采用一些互动话语，比如视频开头可以使用一些平易近人的话语进行引入，同时，开场白也不应当太过于冗杂，让学生感觉没有终点、浪费时间，丧失继续观看的兴趣。在设计开场白时，应当首先用简练的语言进行自我介绍，进而概括本节视频的大致内容，让学生把握住主体知识和大致的框架。如果教师能够发掘出运动的正规做法与大众的常规认知之间的矛盾，就更容易使学生感到矛盾带来的刺激感，引发学生继续观看视频，寻找矛盾原因的渴望。

（2）完整性教学视频的制作要点。由于学生观看视频进行学习的时间不固定，那么学生对体育动作的记忆、学习和接受也就被分割，即使学会了某一个技术动作环节，也常常只能是分散的、零落的，为了避免这种问题的出现，在微课教学内容设计中，教师应做到：①为学生进行课程整体内容的介绍，使学生直观建立完整的动作概念或主动让学生明白教学内容的整个体系，做到心中有数，在练习的时候不至于茫然；②在每一段的视频学习中可以带领学生重温教学体系，并指出本节教学内容在整个教学体系中处于什么位置，与其他动作之间是否有什么联系，如果有的话，学生们需要注意什么；③要在课程结束时，又一次带领学生从头回忆和梳理学习内容，让大家对本系列课程所学的内容有一个整体性的把握。

（3）分解式教学视频的制作要点。分解式教学要求教师把一个动作技术进行合理地分解，而不是僵硬的。例如，气排球课程中的衔接性动作，如多步扣球，若教师在分解教学时没有将步法与扣球动作链接起来进行教学，而是分别放在不同的视频中，就会给学生的学习造成困扰，学生在学习多步扣球时就不好将步法与扣球动作联系起来，也没办法从整体上审视思考这个动作，当自身错误动作发生时，也不好及时发现和更正。除此之外，如百米短跑中的起步动作，先蹲下，接着一条腿往后，两只手臂撑地，背部向上弓起，当发令枪响起时立即起跑。这样的步骤是环环相扣的，而每一个步骤都是有标准的，不能做错，这些分解动作步骤关系到最终动作的标准性，像类似这样的技术动作进行分解教学就对体育教师的能力要求较高，必须在微视频有限的时长内将所有的连贯动作都解释清楚，并作出最终完成后的正确动作示范。

（4）互动式教学视频的制作要点。微课教学与实体教学的一个不同在于师生之间的互动并不是真实的、面对面的和直接的，而是间接的。"互动"一词，既包括身体上的互动，也包括心理上的互动，微课是不可能使师生之间进行身体上的互动的，因此，对于师生心理互动的要求更高，然而在微课视频录制时如果不表现出与学生的互动交流，就很容易让学生走神，无法将注意力集中在视频学习上，从而降低学习的效果。教师与学生的互动是比较有策略的，除了设计一些具有启发性和趣味性的语言之外，还需要自然地随时用简单的语句鼓励学生，比如"再坚持一下""加油""很棒"等，让学生在课程学习中有一种成就感。由于微课视频录制基本上是单向的，这就对教师的教学姿态要求更高，教师要着装和打扮得当，还要随时将自己的情绪调整到比较高涨的状态，在身体语言和面部表情上都要积极向上、充满活力，能够用自己的情绪感染学生，这样才能让学生投入到学习之中，而不会感到无趣。

（5）课堂练习教学视频的制作要点。学生要掌握一项技术动作离不开教师在课堂上给学生设计的一系列练习方式。体育课堂练习是一种有目的、有组织的学习活动，是提高体育教学质量的重要环节。练习质量的高低，直接影响到课堂教学成果与否。在练习方法的选择和设计上，首先，充分结合学生和教学内容，练习方法应以简单易行为原则；其次，循序渐进，练习内容既不要过多、过深，又要在统一性的基础上，针对学生个体差异以不同的练习目的进行因材施教；最后，练习要突出重点，有针对性。例如排球垫球技术动作教学中，手型和击球动作是掌握技术动作的关键，教学难点就在于上下肢各动作之间的衔接配合。因此在练习时应把练习重点放在掌握手型和击球动作上，引导学生多体会完整动作模仿的连贯性。在练习中针对具体情况，可分步骤以某个环节为重点进行练习。同时为学生更好地掌握和运用技术动作，教师在练习中有必要正确指出学生的错误动作，并给予指导纠正。

（6）注意视频的观看体验。学生观看体验应该也是需要被重视起来的，但视频最终呈现出来的效果好不好是受多种因素影响的。教师的平民表现力这一方面，大多数教师在首次录制微课时常常不能有效地适应摄像，因此，不能表现出自己的最好状态，然而比起其他更注重书面知识的课程，体育类微课常常是以动态为主，教师在设计体育微课时充分利用动态优势，应当注重好教学的节奏感。

初次录制的教师可以向网络上的其他同类型视频学习，将各种动作搭配起来，并时刻注意与镜头对视。人体在做动作时，正面、侧面、背面、镜面等所展现出来的特点和形态都是不同的，哪怕同一个技能动作，如果按传统的拍摄方法，只从一个角度展现，就不能够全面地展示动作的特征，因此，视频拍摄的视角也应该不断变化，从各个角度展现动作，有利于学生更好地观看和学习标准动作，避免没有学习到动作的精髓，反而对学生的身体锻炼有负面的影响。微课视频的拍摄还有其他一些技术方面的问题，比如一定要保证视频的清晰度和流畅度，尤其是需要保证动态的体育微课视频，除此以外，也要在视频的后期制作上下一番工夫，如视频的音频配置和滚动字幕设计等。

（五）体育微课模式构建的注意事项

1. 在设计微课的时候，应当坚持从学生的实际需求出发，使微课真正为学生服务。

2. 微课中的教学内容应当适量，通常选择一个要点作为主要的教学内容。

3. 微课的时长控制的 5 ~ 10 分钟的时间之内，以有效吸引学生的注意力。

4. 微课的教学内容虽然比较少，但是在教学过程中也应当非常详尽。

5. 微课中的重点知识点要进行重点描述，可以采用特殊标记的方式加以突出。

6. 微课的语言与字幕应当保持一致，给学生直观的视觉感受，使学生更容易理解与记忆。

7. 在微课教学中培养学生良好的学习习惯，使学生学会自主学习，掌握自主学习的能力。

8. 微信设计要博采众家之长，多元化地搜集学习资源。

对于微课的设计需要用一种客观的态度去看待。在设计过程中，需要充分考虑各种因素，根据实际的需求对微课的内容进行适当的调整，不断提升微课的质量，使其更好地促进体育教学的开展。

（六）体育微课教学模式的评价

1. 体育微课评价依据

根据体育教学要求，对体育微课进行评价应当遵循以下三个方面的原则：

（1）将"促进学生体育技能知识学习，优化教师体育教学"作为根本的目的。

（2）注重评价方式的多元化以及评价主体的多元互动。

（3）将评价在教学诊断及促进发展方面所具有的功能最大限度地发挥出来。

2. 体育微课评价实施

体育微课的评价内容主要包括三个方面：一是对教学过程的评价，二是对教学效果的评价，三是对教学资源的评价。为了更好地实施评价，在教学过程中教师应当对教学情况进行记录。一般来说，教学效果的评价包括两部分，即定量评价与定性评价，在具体实施时，应当重视评价手段的选择。

三、体育微课教学设计的提升策略

（一）科学选题，重视互动

选题是体育微课教学实施的第一步。选题的好坏直接决定了微课教学的成功与失败。

因此，体育微课的选题应当经过深思熟虑。微课视频的时长有限，一个微课视频只对应着一个主题。该主题对应着体育教学过程中的具体问题。体育教师可以选择体育理论或实践课中经常出现的难点、重点、疑点或者知识点、技术点、技能点作为主题。体育微课的选题应当具有独立性、完整性与示范性。

体育微课的互动包括两个方面：一个是体育微课中的互动，另一个是体育微课后的互动。学生在课前观看微课视频，理解理论知识，体会动作要点，在课堂中进行演练。体育教师对学生的演练进行评价与反馈，帮助学生纠正错误。教师也可以根据学生掌握程度，针对疑难问题进行重点讲解。这种互动对于提升学生体育能力，实现个性化教学十分重要。体育微课后的互动也十分重要。体育微课的服务对象是高校学生。体育微课好坏的评价不应由教师自己作出评价，也不应由学校领导作出评价，而应由高校学生作出评价。体育教师在进行微课教学后，应积极主动收集学生对微课的评价，并进行总结、反思，以此为基础对课程进行优化与调整。只有实现课堂与课后的真正的师生互动，才能最大限度地发挥体育微课价值。

（二）提高认识，激励教师参与微课教学的积极性

在信息迅速发展的今天，微课可以为人们提供便利，满足不同的需求，实现人们学习的移动化、碎片化和个性化，从而使自身的知识不断地更新扩充。由此可得，微课不可能是一时之热，而是可以一项可持续发展的教育战略。所以要求各方要从始至终地加大投入，引入社会资源，加强微课的宣传力度。让更多的参与者真正地了解微课、使用微课。

体育微课的目的是为了方便教学，因此在微课的设计过程中，其内容的设计制作都不可以偏离这个目的。在微课的制作上应该遵循教育的本质特性，要由易到难，循序渐进。要更好地体现微课的教学效果，让更多的教师与学者可以实际地感受到他的魅力和便利，从而确切地了解微课的目的，让微课真正地参与到教学中去，这不仅可以增强学生学习的兴趣，提高效率，对教师压力减轻也很有帮助。

微课设计的效果如何，是否可以激发学习者学习的兴趣，这与制造者的技术水平有直接的关系。随着越来越多种类的微课得到开发，教师的教学任务变得越来越重，所需的知识也变得更多，搜集任务增加，导致教学的负担变重。因此，这就需要政府等机构大力支持，有关科研人员积极开发更多方便、简洁、高效的微课，进一步减轻老师的负担，增加老师录制微课的积极性。老师的创造力对微课有很大的影响，这决定着所制作的微课是否更有吸引力、更加实用，这种创造力一般与教师在教学实践过程中获得的灵感息息相关。老师们参加这种能够获得灵感的教学活动的积极性，与学校的支持程度有很大的关系，这

就要求学校不但要加大对教师的培养程度，还要不断地指导老师制作微课的技术。

（三）简洁、多样、连通、融合的特点进行体育微课设计

社会发展过程中对资源的整合与共享理念已经深入人心，可以说现代社会已经进入"新共享时代"。微课程正是通过"短小精悍"的特点，将知识点以简短的微课程形式灵活呈现，在课程的教学设计上，应实现课程内容的多样性和直观性。基于"互联网+"教育的体育微课教学设计内容与传统体育教学设计相比更简洁，在教学资源供给侧的途径方面更加丰富多样，体育课程的安排注重利用多种学习终端加强课程间的连通效果，进而促使体育微课之间更好地融合。在体育微课视频的更新过程中针对教学视频反馈意见不断更新、补充、平衡微课视频的知识点。

（四）借助"协同教学"进行体育微课设计

"互联网+"教育背景下的体育微课教学设计可以充分利用"协同教学"的教育理念。这种教育模式是具有互补教学经验、技能的两个以上的教师组成灵活的教研小组，针对学生个性的学习需要，通过教师与教师之间的协作和规划完善课程设计。教师引导学生理解体育理论、学习体育技能，从而促进学生对运动技能的内在规律有所把握，大脑皮层活动由知识点及技术动作的"泛化阶段"进入到"分化阶段"，在感知觉层面进行有效的资源整合。这种教育模式充分结合了碎片化学习理念，更好地促进了体育教育每个环节的协调发展。

（五）用"线上+线下"的移动学习终端进行体育教学设计

"线上"体育教学应力争实现现代教育信息技术的"多方位交互"。纵观"线上+线下"的体育教学过程，教师根据教学大纲制作体育微课视频，将其发送到公共平台上，学生通过注册此平台的账号进行关注，并自行搜索想要学习的体育教学视频。若在观看过程中有疑难问题出现时，可以在观看结束后通过留言的方式进行互动，后台工作人员通过对问题进行整合与归纳后发送给制课的教师，教师接收到信息后集中时间段给予回答，或对大家共性的问题通过微课视频集中进行答疑，再通过交流平台发还给学生进行学习。

新时代的体育教师应建构并运用微课教学与传统体育手段的结合，进而实现体育学科的碎片化整合与分析，在"互联网+"教育背景下利用微课的教学设计、实施等环节更好地促进体育教学变革，紧跟时代的步伐。

第五章　体育教学方法创新之慕课教学

第一节　慕课教学的基本类型与特征分析

一、慕课的内涵界定

MOOC（Massive Open Online Courses）即大规模开放在线课程，是"互联网＋教育"的产物，我们可以根据这四个单词的组合意义来理解慕课（MOOC）的内涵。

大规模（Massive）在慕课中主要强调的是在这一平台上注册学习的人数很多，同时也强调了注册人数不受限制。

开放（Open）在慕课中主要强调的是这一平台没有针对性，它面对的是全世界任何一个想要学习的人，同时提出了慕课这一平台对学习者没有任何要求，只要想学习就可以在平台上注册学习。

在线（Online）主要强调的是利用计算机网络进行学习的一种方式，强调这一平台的网络性和在线性，强调学习者可以根据自己的时间来灵活安排自己的学习。

课程（Course）在慕课中主要强调的是一种课程学习资源，慕课整合多种社交网络工具和多种形式的数字化资源，形成多元化的学习工具和丰富的课程资源。

慕课虽然也是一种网络在线课程，但是它与传统的网络课堂之间还是存在一些比较明显的差异的，主要体现在以下方面。

1.慕课的教学目标与课程计划都是非常明确的。通常慕课开始之前，教师会对课程的基本情况进行简单的介绍，包括具体的课程要求、教学进度安排以及学生需要达到的程度等；此外，学生也需要在上课之前用邮箱注册一个自己的专属账号，并且仔细阅读课程的相关介绍，这样才能够保障教学活动的正常开展。

2.慕课中的教学视频不是对课堂教学与会议所进行的录制，而是专门针对慕课教学而制作的视频。

3.慕课的教学视频有一个非常突出的特点，就是由多个长度在10分钟左右的小视频构成，这主要是考虑学生注意力的特点。每一个小视频都非常简短精炼，而且都重点讲解了一项学习内容，可以有效地吸引学生的注意力，促进学生学习效率的提升。

4. 下面的视频，否则就要重新观看学习前面的内容。这样能够有效地提升学生的注意力，使学生在观看视频时更加用心。

5. 慕课针对学生的学习需求，设置了专门的作业提交区与学习交流区。学生在开展慕课学习的时候，除了要完成教学视频的学习之外，还要完成教师预先布置好的作业，并且及时提交完成的作业。除此之外，学生还需要参与到学习交流与讨论中，也可以提出自己的问题，通过与教师交流来解决问题。慕课还有一个优势，就是会组织一定的线下见面会，这样一来，学习同一课程的学生除了共同在线上开展学习交流之外，还可以在线下进行讨论、交流和学习。

二、慕课的基本类型

（一）cMOOC

cMOOC 教学模式是以建构主义理论为基础的，也可称为是基于关联主义学习理论的 cMOOC 模式。众所周知，建构主义理论强调学习者主动构建知识，而不是被动地接受知识。不同的人对同一知识的理解也是不同的，就如同不同的人对客观世界的理解也存在着一定的差异。基于此，学习者在学习过程中，不能仅停留在知识的被动接受阶段，而要将自己学习的知识进行自主构建。只有学习者自主学习知识、自主建构知识，并具有很高的学习自觉性，才能高效地进行课程学习，并不断提高自己的学习水平。

同时，建构主义理论也强调了教师角色的转变，即由传统的权威者、灌输者、主导者变成现在的组织者、设计者、引导者。

cMOOC 是信息化时代不断发展的结果，这一教学模式注重信息化、数字化、网络化人才的培养。要想实现这一模式的目标，就必须重视创新。同时，还要培养学生对信息的生产、捕捉、加工、整理等能力。但是，对于学生而言，慕课是一种新的学习方式，且具有很大的自由性和开放性，学生能否及时转变自己的角色，能否高效地进行自主学习，能否对信息进行生产和处理，都需要长期的摸索。

除此之外，cMOOC 教学模式还以连通主义学习理论为基础。根据连通主义学习理论，以某一个共同的学习内容，将世界各个地区的学习者联系起来，不仅实现了资源的全球共享，还促进了学习者之间的交流与协作，有利于学习者根据自己的学习情况构建符合自己情况的学习网络，从而促进自身全面发展。

（二）xMOOC

xMOOC 主要是以行为主义与认知主义学习理论为基础。

第一，需要提前了解课程以及课程安排。在 xMOOC 课程模式开始之前，学习者就应该提前了解课程的相关知识，并知晓课程的具体安排，从而进行注册学习。

第二，教师应定期发布课件以及视频。xMOOC 课程模式实施之后，教师应该结合教学目标、学习任务等定期发布一些教学课件，以及教学的短视频，以便于学习者学习。

第三，课后作业应有截止日期。xMOOC 课程之后，教师应该布置相应的作业，并规定作业上交的日期，这样有利于督促学习者在规定的时间内完成作业任务。

第四，应适当安排考试。在实施 xMOOC 课程模式中，教师应该适当安排一些考试，并鼓励学生积极参与考试。

第五，开设讨论组以便交流。xMOOC 课程模式，注重讨论组的开设。在讨论组中，学生可以根据自己的疑问进行线上讨论和交流。如果条件允许，xMOOC 课程模式还将线下交流融入其中，从而将线上交流与线下面对面交流相结合。

三、慕课的一般特征

慕课是信息技术迅速发展的产物，它在形成与发展过程中形成了独有的特征。

1. 大规模

慕课是大规模的在线课程。因此，大规模性也是慕课的主要特征。众所周知，传统教学是有人数限制的，而慕课教学并没有人数限制，同一课堂上学习的人数可以达到数百万。

随着信息技术的发展，信息技术在教育教学中得到广泛的应用。教育信息化是教育发展的主要方向。而慕课作为不限制课堂学习人数的信息化平台，在教育教学领域日益受到重视。慕课是信息化时代的产物，慕课为世界各地的学习者提供了信息化学习平台。在这一平台上，有来自世界各地数百万的学习者在同一课堂进行学习，从而体现了慕课的大规模性，这也是其他信息化平台无法比拟的。

2. 开放性

慕课作为大规模开放式在线课程，具有开放性的特征。关于慕课的开放性，我们可以从以下方面对其进行分析。

第一，教育教学理念的开放性。慕课平台注重平等性和民主性。同时，慕课平台上的课程资源是面向世界各地、各族人民的，没有任何人群的限制。除此之外，慕课平台提倡，只要想学习的人都可以在平台上进行注册，从而学习慕课上的各种资源。

第二，教学内容的开放性。慕课平台上蕴含着大量的网络在线资源，且这些资源的内容是开放性的，没有时间和空间的限制。

第三，教育教学过程的开放性。讲授者与学习者的上课、交流、测试、评价等都是在慕课平台上进行的，教育教学过程是开放的。

可见，慕课有着优质的教育资源，同时将这些优质教育资源上传到慕课平台上，真正实现了资源的全球共享。慕课的开放性有利于促进教育国际化的发展，有利于实现全球资源共享，也有利于世界各地学习者树立终身学习的观念，更有利于促进教育公平化的进程。

3. 技术性

技术性也是慕课的主要特征。慕课是信息技术高速发展的产物，与其他的网络公开课程不同，慕课并不是教材内容到网络内容的简单搬移，而是充分利用信息技术的优势，实现讲授者和学习者之间的在线交流与互动。实际上，慕课是将整个教学过程从线下搬到了线上，真正实现了在线课程教学。

同时，慕课作为信息化平台，它主要采用短视频的形式进行在线教学。通常情况下，在每一堂课中，慕课所涉及的教学短视频的时长是 15 分钟左右。在这些短视频中，不仅包括学习的课程内容，还包括一些客观题。学生要对这些客观题进行回答，而慕课平台中的系统将对学习者的回答进行评价，只有回答正确这些客观题，学习者才能在慕课平台上继续学习。

慕课不仅充分利用了信息技术，还将云计算平台融入其中，这样不仅丰富了课程资源，还促进了海量课程资源的全球共享。另外，慕课还融入了大数据技术，在一定程度上促进了个性化教学的发展。除此之外，慕课平台中的各个网站也是精心设计的，这些精美的网站设计不仅有利于提高学生学习的热情，还有利于提高学生的学习效率。

4. 自主性

自主性是一个内涵十分丰富的概念，不同的学者对其的理解也不同。下面选取比较有代表性的观点进行具体分析。基于关联主义的慕课推崇者对慕课的自主性特征发表了自己的看法。具体而言，主要包括以下方面。

第一，自主性强调的是学习者在慕课学习过程中自己设计目标，不强调事先目标的设定。

第二，慕课学习中主题是明确的，可以供学习者参考。但是学习者通过慕课平台学习的时间、学习的地点都是不确定的，同时学习者的学习方式、学习效率、学习快慢等都是不受限制的，也就是说学习者可以自己决定学习的时间和地点，也可以自己决定学习的方式。

第三，除了需要获取学分的学习者以外，其他的学习者的课程考核方式都不是正式的。学习者对自己在慕课平台上学习的预期和效果可以自行评判，并没有固定的、专门的或正式的考核方式。

由此可见，基于关联主义的慕课推崇者强调慕课学习完成是学习者自己学习的过程，并在学习过程中自行监督和调控。

总之，学习者结合慕课学习资源，根据自己的实际学习情况，选择合适的时间、地点对慕课上的资源进行学习。同时，学习者根据自己的学习需求，有针对性地与他人讨论和交流，从而通过学习慕课资源来满足自己的学习需求。除此之外，还需要指出的是，慕课与翻转课堂相融合，有利于慕课作用的发挥，也有利于提高学习者的自主性和主动性，从而不断提高学习者的学习水平。

5.优质性

与其他信息化平台相比，慕课具有优质性的特征。众所周知，慕课涉及很多的课程，无论是世界慕课平台课程还是当前比较流行的"好大学在线"课程，都拥有着高质量的信息资源和学习资源。因为，这些慕课平台上的课程资源都是世界各学校通过专门的技术团队进行合作开发、筛选、编辑、加工、整理、审核之后上传的。这些慕课资源不仅有代表性，还具有高质量性，这些都为慕课课程资源的优质性奠定了基础。

6.非结构性

慕课在内容安排上也独具特色。具体而言，慕课中涉及的内容都是一些碎片化的知识。这些碎片化的知识经过专业领域教育者的组合形成了形式多样的内容。这些内容也是比较灵活的，可以根据需要随时进行扩充。各个领域不同的教育者对不同学科知识进行处理和集合，从而形成了内容集合。这个内容集合是慕课特有的，里面的知识可以进行再次重组，并利用慕课平台使这些知识彼此关联在一起。

另外，还需要指出的是，慕课课程标准的设立，有利于提高课程质量，也有利于提高学习者的学习水平。

7.以学为本

以学为本并不是慕课的表面特征，而是通过对慕课的系统分析，挖掘、归纳、总结出来的一种核心特征。以学为本强调的是以学生的学习为中心，也就是慕课上的信息和资源都要以学生为中心，为学生的学习提供丰富的资源。慕课集信息技术、云计算技术、大数据技术等计算机网络技术于一体，为世界各地想要学习的人提供了丰富的资源，打破了传统教学模式的时空限制，有利于世界各地的学习者根据自己的实际学习情况和需要，随时随地进行学习，从而获得自己想要学习的知识。

总之，慕课是一种信息化的教学模式，它不受课堂人数、时间和空间的限制，学生在慕课平台上学习具有很大的自由性，有利于调动学生学习的积极性。

第二节　体育教学中慕课运用要点与优势

一、体育教学中慕课的运用要点

（一）转变体育教学的模式

1.由单一办学主体向国际化联盟式办学主体转变。传统学校办学模式比较单一，绝大多数都是单一办学主体进行办学。而随着慕课在学校教育教学中的应用，学校办学模式也逐渐向多个学校联盟办学的模式转变。

慕课是信息化时代发展的产物，它突破了传统模式的束缚。尤其是众多慕课平台的出现，并不是单一学校独自开发的结果，而是多个学校多个优秀教育专家联合共同开发和建设的结果。可见，传统的单一办学模式并不能适应当今信息化时代的发展，如果学校不及时转变办学观念，就会被时代所淘汰，也不利于国际化人才的培养。因此，学校应该意识到慕课平台建设需要国际化视野，并在具体实践中，充分吸收世界各国的优秀办学经验，改变单一的办学模式，将办学视野扩大到国际范围，从而实现国际化联盟式办学模式。

2.由个体学习模式向团队学习与个性学习相结合模式转变。在传统体育教学中，学生的学习模式是被动的、单一化的，不利于学生团队学习，也不利于学生个性化发展。要想改变传统的个体化学习模式，学校应该将慕课应用于教学中，充分发挥慕课教学的优势，创新教学方法和策略，开发丰富的学习资源，提倡学生间、师生间、群体间、国家间的大规模集成化学习。同时，学校还应该采取多种手段和策略来鼓励和引导学生发展个性，从而真正实现学习模式的团队学习和个体化学习。

（二）加大慕课的宣传力度

加大慕课宣传的方法主要有利用网络平台、学校平台等。除此之外，慕课平台还应该借助自我营销的方式，吸引更多的人注册慕课进行学习。

在加大慕课宣传力度的同时，还应该注重慕课中优质资源的共享，从而使世界上更多的人能够根据自己的特长、兴趣，科学选择适合自己的课程，以满足自己的学习需求。

总之，加大宣传力度有利于更多的人了解慕课、使用慕课，有利于促进优质资源共享，促进教育的国际化发展，实现教育的公平性。

（三）制作优质的特色课程

在体育慕课教学中，学校要注重顶尖团队的培养，从多个层面打造体育核心课程，并充分利用慕课平台实现体育资源的全球共享，从而吸引世界上更多的学习者进行体育特色课程和优质课程的学习。

除此之外，学校还要注重体育非核心课程建设。这是当今时代一专多能人才培养的要求。因此，我国学校应该充分利用慕课这一信息化平台，将世界上优质的体育课程资源融到本校慕课平台中，这样有利于拓展学生学习的范围，有利于激发学生学习的兴趣，提高学生的自主学习能力，从而为一专多能人才的培养奠定基础。

（四）丰富慕课课程的资源

首先，慕课的质量对教学效果有很大的影响。虽然我国对慕课的质量没有制订严格的标准，但是慕课的质量对教育质量有直接的影响，这就要求各个学校必须制作出非常优质的慕课视频，从而提升体育教学的质量。因此，政府、学校、企业等需要制订出一套慕课的质量标准，从而提升慕课质量。教师是慕课资源开发与利用中的重要参与者，其能将慕课教学的作用发挥到极致。因此，学校在进行慕课资源开发时不仅要积极引入高质量资源，更是要重视教师在资源开发中的作用，鼓励教师与时俱进，把慕课教学模式引入体育课堂，以提高教学效率。

在具体的课堂实施中，教师可以将慕课与体育灵活地结合起来，这样慕课就以一种新的、学生更能接受的形式参与到体育课堂中来，同时还有利于调动学生学习的积极性。慕课内容的载体形式是视频，因此，这就要求体育教师在具备扎实的专业知识之外，还需要具备一定的信息技术能力，能够制作短视频。慕课视频要建立一套完整的制作、审核、评价机制，从而制作出一套质量优质的视频。

其次，学校实施慕课教学也是为了满足个性化教学的需求。因此，在制作慕课视频时，教师要充分考虑到学生的需求，打造出可以满足不同学习者需求的多层次慕课课程。一些一流学校的学生具有较高的认知能力，他们适合使用一些难度较高的慕课视频，而对于认知能力不那么强的普通学生来说，需要使用一些难度较低的慕课视频。当然，为了建设更高水平的慕课课程，学校可以引进国外的优质慕课资源，从而结合学校的教学实际情况，形成自己特色的慕课教学资源。对于少数民族的体育教学来说，他们很难获得比较好的慕课资源，因此教育部门还应该结合当地情况，对其倾斜一些资源，从而满足少数民族地区学生的慕课学习需求。

（五）开发体育类精品课程

1. 学校、教师、学生等要多方宣传与推广运用体育类国家精品开放课程。由于我国的体育类方面的精品课程较少，学习的人数也较少，因此，体育类精品视频课程播放量较少。为了使更多教师和学生获得精品课程的好处，学校、教师和学生应该尽可能地通过多种手段宣传精品课程，从而发挥精品课程的最大价值。

2. 完善体育类国家精品资源共享课中体育专业课程的建设。体育类国家精品课程仍然存在一些不足，只有少数的体育课程建设精品课程，而一些体育与其他学科结合的课程还没有建设完善。各个学校还要对慕课与传统体育结合的课程加强建设，申报一些精品课程建设项目，从而不断完善体育专业课中的精品课程资源。

3. 改善体育类国家精品开放课的视频内容，加强课程视频的后期制作。体育类国家精品课程是十分优质的课程，但也存在一些有待完善的地方，例如，将视频内容的知识点进行展示，并且加入不同动作的示范画面。在视频的后期制作上，还有一些有待完善的地方。另外，在视频上还可以将重点内容进行着重提示，使学习者在遇到重点时可以集中注意力学习。

4. 开发体育类国家精品开放课程平台的多元化功能。体育类国家精品课程的平台还有一些调整的地方，在平台上可以增加一些答疑解惑的版面以及师生交流的模块。这样可以使学生在遇到不懂的问题时及时向教师咨询，并且学生之间也可以就视频观看的理解互相进行探讨。另外，精品课程平台的开发者还需要设置一个建议模块，让使用这个平台的人有好的建议提交上去，从而使平台不断完善。

（六）改革慕课的教学手段

由于慕课是开放性很强的一种教学方式，因此慕课教学也有着比较多的选择性。慕课平台在网络上不受国界的限制，因此，它可以很好地将课程共享给世界各地的人，并且世界各地的人也可以将慕课视频上传到慕课平台，使得慕课平台上的课程资源越来越多。因此，教师可以从慕课平台上找到同一个知识点的很多个慕课视频，他们可以选择适合自己的慕课资源，从而分享给自己的学生。

教学方法对教学效果的影响非常大，因此，为了保证教学效果，体育教师可以适当调整教学方法。教学方法使用恰当，可以充分激发起学生的学习兴趣，调动学生学习的积极性和主动性，从而使学生更好地将知识内化。慕课教学模式就是很好的一种教学方式，学校体育教学可以充分借鉴这种教学模式，从而提高体育教学的效果。

二、体育教学中慕课的运用优势

（一）促进体育教育的公平性

"现阶段，慕课作为高校授课的主要形式，在教学过程中起到补充和辅助的作用。"[a] 在体育慕课教学模式中，世界范围内的学习者都可以根据自己的学习情况自主选择学习时间和地点。同时，慕课在高校体育教学中的应用，突破了地域经济差异，丰富了教学资源，扩大了学习者的数量，从而使不同地域、不同职业、不同年龄、不同学历的学习者都可以自主学习。可以说，慕课这种开放性的学习模式，为想要学习的学习者提供了学习的平台。

另外，学习者也可以根据自己的兴趣、特长等进行体育精品课程的学习。在学习体育课程过程中，学生如果遇到了问题，可以借助慕课平台与教师、同伴进行交流和互动，从而主动地构建知识，改变了被动接受知识的局面。总之，在慕课体育教学模式的影响下，教师不再是主导者，学习者成为学习的主体。同时教师和学生形成了一种平等、和谐的师生关系。另外，慕课体育教学模式为学生提供了公平的学习机会和受教育机会，有利于促进体育教育的公平性。

（二）推动终身体育学习理念

慕课在体育教学中发挥着至关重要的作用，也是现代体育教学发展的重要方向。随着慕课的发展以及体育教学改革的不断推进，慕课对体育教学的影响也就越来越大，慕课也将会不断应用于体育技能教学、体育技能训练、体育培训、体育实践等多个方面。同时，慕课融多种学科于一体，学习者可以根据自己的学习情况和学习需要，自主学习、自主监督、自主调控，并不断与教师和其他相同兴趣、特长的学习者进行交流和互动，从而不断学习、不断提高，进而促进终身体育学习的发展。

体育慕课教学模式蕴含着丰富的开放式教育资源，有利于学生随时随地进行学习，有利于优化学生获取知识的途径。慕课课程资源具有优质性的特点，这些优质的课程资源有利于吸引更多的学习者来平台注册学习。

（三）优化整合体育教学资源

"过去普通高校的人才培养质量和名校之间的差距还是较为明显的，但是慕课这一教学形式的出现使得普通高校和名校站在了同一起跑线上。"[b] 将慕课融入体育教学模式中，

a　许颖珊：《由高校体育慕课引发的教学模式思考》，载《拳击与格斗》2021年第4期，第7页。

b　李芳等：《挑战与机遇：慕课对大学体育教学的启示》，载《体育科研》2015年第36卷第5期，第102页。

有利于教学资源的丰富和优化。基于慕课的体育教学模式不会固守体育教学风格和专业设置，而是充分利用信息技术和网络技术，集多人、多校优质教学资源于一体。同时，慕课平台上的教学资源在内容上具有开放性、在管理上具有智能性。基于慕课的体育教育模式弥补了传统体育教学模式的不足，在体育教学中发挥着重要的作用。

无论是学校体育教学理论知识，还是其他形式的教学理论知识，都是枯燥的，难以激发学生的学习兴趣，而体育慕课教学模式充分利用信息技术、云计算技术、大数据技术等先进的网络技术，将枯燥、艰涩的体育理论知识以信息化的形式呈现出来。这种信息化的形式避免了理论知识的艰涩难懂，从而使体育教学更加鲜活。体育慕课教学视频可以在一个 10 分钟左右的课程中集中讲解某一体育技术问题或者体育理论知识，还可以在教学中设置一些师生互动活动，这种互动性的活动有利于激发学生学习体育的兴趣。

（四）缓解体育教学师资压力

随着学校的不断扩招，学生人数不断增加、教学任务也在不断增加，体育师资已无法满足当前学校体育教学以及学生的需求。体育教师面临着繁重的教学压力，同时体育师资力量不足的问题日益凸显。

慕课应用于体育教学中，能够有效解决体育师资力量不足的问题，也能够缓解体育教师的教学压力。教师可以通过慕课平台上的相关数据了解学生的学习情况以及教学质量和教学效果。教师借助慕课平台来获得反馈信息，这样教师可以有更多的精力进行教学设计、方案规划、活动组织、课后辅导等。

慕课平台主要以信息技术和网络技术为载体，它集多种开放性、优质性教学资源于一体。基于慕课的体育教学打破了传统教学空间的限制，不需要硬件投入。世界范围内的学习者可以根据自己的兴趣和爱好来选择资源和内容进行学习。同时慕课平台上的教学资源也可以无限制地被学习者使用和学习，这样不仅提高了体育课程资源的利用率，还降低了体育课程资源开发的成本。由此可见，慕课融入体育教学，能够在很大程度上节约体育教育成本。

（五）培养大学生的自主意识

随着信息技术的发展，体育慕课教学模式可以有效解决传统教学模式中存在的各种问题，具体如下。

第一，体育慕课教学模式有利于学生形成清晰的动作概念。体育慕课教学模式可以将一些连贯的、复杂的动作制作成短视频，并通过图片、文字、声音、图像等方式将这些连贯的、复杂的动作呈现出来，这样学生可以通过短视频更加直观地学习这些复杂的动作。具体而言，学生可以根据自己的实际学习情况，自己控制观看短视频的进度，遇到某一难理解的动作时，学生也可以利用短视频的暂停、回放等功能来对这些动作进行回看，这样有利于学生形成清晰的动作概念，有利于正确理解动作要领，有利于全面地学习和掌握体育运动动作。

第二，体育慕课教学模式有利于学生一对一在线学习。慕课的主要特征之一就是大规模性，同一课堂上学习的人数达到数百万。但体育慕课教学模式强调在线学习，这些数百万的人都是在慕课平台上进行的在线学习。实际上，这种在线学习很大程度上是一对一学习，这样有利于学生的自主学习，有利于弥补大班授课的不足，有利于对学生的学习进行监督和管理。

第三，体育慕课教学模式打破了传统教学模式受时间和空间的限制。体育慕课教学模式不受时间和空间的限制，也不受光线、天气等其他因素的制约，学生可以随时随地进行学习。

由此可见，传统体育教学模式容易受外在环境的影响和制约，这在很大程度上影响了体育教学质量和效率的提高。而体育慕课教学模式避免了这些外在环境因素的影响，可以不受时空的限制，有利于提升体育教学的质量和效率。

第三节　体育慕课教学交互设计与运行策略

教学交互是远程教育永恒的核心议题，尤其是在教育信息化加持下的慕课。慕课的特性决定了其平台搭建的取向，学习者、教师、课程资源和教学媒介共同构成了交互系统，演化出师生交互、生生交互、学习者与平台及学习者与内容四种具体的形态。自慕课的创建伊始便与交互构成了相辅相成、互利共生的辩证关系，慕课的搭建决定交互的走向，课程交互的情况也会反映在慕课平台交互设计的取向上，正确看待两者的关系是研究的起点。

一、慕课与交互活动的关系阐述

（一）慕课的建设情况决定交互活动的内涵与形式

首先，慕课平台自身的交互设计及硬件基础都决定了交互活动的形式、规模、程度。借助网络民族志及录像观察法等手段，对中国大学 MOOC、学堂在线、慕课中国在内的主流的大规模在线开放课程平台的观察，发现当前我国慕课平台的交互设计具有一定的趋同性，在板块设计方面都是设计为课程课件、课程讨论区、留言评价、作业反馈区等几个主要板块。在这些交互设计上的趋同性也就直接导致了当前我国主流慕课平台交互形式具有显著的相似性，大部分的交互集中于讨论板块中的学生主题帖中及教师答疑帖中。区别于Coursera、edx这类国外慕课对于课堂留言板块、课堂评价等反馈板块的浓墨重彩的建构，当前我国主流慕课平台对这些板块的建设基本是一笔带过，相当比例的慕课课程在课堂评价及课程留言接近于空白。

其次，慕课课程资源决定了交互的需求程度。回归到慕课课程资源本身，不同的课程类型教学资源所带来的交互情况是带有显著的差异性的，例如，自主学习类课程交互情况普遍相较于研究探索性课程所带来的交互热度明显较低，课堂主题讨论及教师答疑板块明显相较探索性课程明显较为冷清。高校向慕课平台提供课程教学资源都带有自身的考量，基础认知类课程相较于带有实践性的建构课程对于交互需求的程度是不同的，不同慕课课程资源教学目标的实现对于交互的需求程度是不尽相同的，也就决定了课程资源本身对于交互活动必要性的决定程度。

（二）交互的演变催生慕课教学生态的进化和成长

交互对于慕课教学生态发展的影响是常态持续的，不同于慕课在建设之初即对交互活动就有决定性影响，交互之于慕课的反作用具有一定的滞后性，需要经过一定时间的累积，尤其反映在对教学生态的影响上。慕课的建构是持续动态发展的过程，早期的慕课教学形态只是单纯的教学课件及简单的课程反馈板块，并无有效的交互设计。随着优化交互设计在慕课建设中的呼声越来越高，慕课平台开始逐渐丰富交互设计，从最初的课堂讨论板块到增设分类的教师答疑板块及主题帖板块，从最初的封闭学习空间到连接社交软件增设线下讨论群等，这些变化都来自课程进行中交互需求的不断演变和强化。

慕课建设过程教学生态的不断改良体现了交互影响慕课教学资源的设计和安排。远程教育的教育理念即打破时空界限创造学习共同体，学生与教学资源的有效交互至关重要。高校在编排慕课课程资源时普遍将有效交互放在了重要的位置，课程本身内容是否符合学生与教学内容交互、课程与课程之间内在的联结，逻辑衔接是否符合学生与教学内容交互的规律、课程资源设计是否能激起学生的主动关注发起交互的兴趣等因素都是高校在编排课程时必要的考量。在慕课平台教学生态不断优化的前提下，交互活动发展水平的不断提高对高校所提供的课程资源也提出了新的要求。交互的发展情况对于慕课课程资源的发展具有的导向性影响，对整个教学生态的进化具有决定性意义。

二、体育慕课教学交互系统的构成要素

高校体育慕课教学交互系统是一个多层次、多维度的构成。按照系统科学的方法，在研究这一过程中往往把这个复杂过程的系统分解为若干个组成要素，然后根据系统的主要特征、主要关系来构建高校体育慕课教学的交互系统。交互是高校体育慕课教与学的中心环节，远程教学中学习行为和教学行为都是通过交互来实现的，因此可以通过高校体育慕课教学各要素之间的交互来进行构建完整的高校体育慕课教学交互系统。该系统的功能是在远程学习过程中，通过各种相互交流和相互作用，改变学习者，从而实现教学目标，最终达到学习者获得知识的目的。在整个高校慕课体育教学中，教学交互系统运行状态的优良有效程度是直接关系到教学目标能否实现的关键。

交互在学习者通过慕课学习的过程中扮演着重要的角色，是学习过程的基本功能属性，也是教学过程的基本功能和属性，是真正促进有效学习的关键，也是学习者通过慕课学习成败的关键。分析研究高校体育慕课教学交互系统的组成要素，对揭示高校体育慕课教学交互的内在规律、发生过程，进而提高慕课教学交互的质量和水平，促进真正学习的发生具有十分重要的作用。高校体育慕课教学交互过程其实就是学习者与远程学习支持媒介平台、学习者之间的对话过程。其间不仅包括学习资源、周围环境等向学习者传递信息的过程，而且还包括学习者内部的信息加工处理及知识构建过程，以及与专业知识无关的诸如情感信息的传递过程。通过文献研究及归纳整理，将高校体育慕课教学交互系统构成要素概括为学习者、教师、课程资源、教学媒介。

（一）学习者

学习者是慕课教学活动的主体，学习者是整个教学活动的接收者及反馈者，扮演着至关重要的角色。学习者对于课程的兴趣程度、个体差异性及其在交互过程中的投入程度都将直接影响交互质量，不同学习主体在慕课交互学习过程中表现出明显的差异。不同于传统教学模式交互活动中学习者所受到的种种限制，在慕课这种教学模式下学习者通常带有相对的自由性。对于慕课教学活动中交互行为的发起和接收带有一定程度的自主选择性。相较于传统教学模式，慕课教学模式下的学习者有更为明确的主体地位。

在慕课的交互系统中，学习者通常所扮演的角色是多重的。选择参与慕课的本身意愿、动机等学习者个体间存在明显的差异性，对于交互活动参与程度是不同的。当学习者来自慕课课程所归属的专业或出于学分认证的需求，交互是成绩构成的一部分，那么学习者通常会在交互活动中扮演一个活跃的发起者和参与者的角色。而当学习者对于参与该慕课的动机水平不高或缺少来自外界的束缚，那么通常在交互活动中所扮演的角色不会那么活跃。

在慕课的交互活动中，学习者自身的属性不同，参与慕课交互的角色定位也是不同的。

（二）教师

教师是慕课教学活动的指导者、帮助者，教师的专业知识、敬业精神、对学习者的关注程度等都会影响远程教学中学习者的学习热情。教师在整个网络远程教学中，除了为学习者提供专业知识的解答和帮助外，还必须为学生的个性化需求提供帮助，如当学生遇到专业知识之外的问题或困难时，能提供关心或帮助，且这种关心或帮助必须贯穿于整个学习过程。此外，远程学习者的主动性、学习的自控能力等需要在教师的持续关心和鼓励下才能有效保持。

不同于传统教学模式中教师在教学交互所承担的绝对主导地位，在慕课的交互活动中授课教师所承担的交互比重相对较轻。一方面，在远程教育时空分离的前提情况下，相较于传统的教学模式，在慕课中教师对于学生的控制力是明显降低的，课堂外的交互活动通常带有极大的不可控性；另一方面，慕课当前更多的是作为传统教学模式的一种有机补充，授课教师对于参与教学活动交互行为的学生更多的是扮演一个引导者的角色。

（三）课程资源

课程资源是构成慕课教学至关重要的部分，直接决定了教学质量和教学目标的实现。课程资源包含了课程的主要要素以及实施课程教学的必需条件。区别于传统教学模式将课程资源划分为校内课程资源和校外课程资源，慕课中的课程资源通常带有一定的自由度，由慕课平台和授课教师所选定。授课的在线课件及课后的扩展延伸学习资料为主要形式。

学习者与学习内容的交互在整个教学交互活动中占有很大的比重，在慕课这种教学模式下的交互活动中课程资源所担任的角色较为活泛。相较于传统的课堂教学对于课程资源的选定通常由相关教师划定范围，而在慕课平台上对于课程资源的设置自主选择性大大加强。除课程本身的相关课件等，在课外的交互活动中对于慕课的课程资源有一定的扩展。

（四）教学媒介

慕课的交互离不开教学媒介的支持，在高校体育课教学活动过程中，学习者要获得有效的学习结果，必须通过软件或其他网络媒体来实现。学习者与媒体平台的交互质量，会影响学习者对于整个交互活动的自我代入程度，当学习者操作某种熟悉的媒体进行学习时，通常会在很大程度上淡化远程教育模式教学交互所带来的疏离感，但当学习者通过操作某种较为复杂的媒体进行学习时，就会相应降低其认知水平，阻碍其更好地参与到交互活动中去。媒介交互的最高境界是感觉不到媒介的存在，教学媒介广义来说可以分类为学习支持组织和信息介质。

1. 学习支持组织

学习支持组织主要是指远程教学组织、慕课教学的支持服务机构。在慕课教学实施之前，组织建立有力的慕课教学服务保障体系及远程教学实施的管理制度是顺利开展慕课教学的关键。学习支持组织在整个慕课教学的始终除了执行整个系统的管理之外，主要是发挥协调和监控的作用。

学习支持者组织主要有两类工作人员来支持慕课平台的运转：第一类是专业技术人员，平台需要专业的人员进行设计维护，他们为系统提供技术支持；第二类是平台运行系统，主要是对课程进行安排管理。虽然这两类构成并不存在直接明显的交互，但是通过媒介平台的设计平台、课程计划、功能安排等会与学习者发生间接的交互。硬件设备主要是指教师教学所持的教学工具和学生所持的学习工具，例如智能手机、电脑、平板等。

2. 信息介质

信息介质指学习者在与教师、学习内容等的交互过程中，以某种方式表现出来的，能导致学习者原有认知发生变化的有意义的信息介质，比如弹幕语言、讨论功能区文字，课后反馈，甚至情感和态度表现等。这个要素是学习者内部交互得以发生的关键。情感要素是高校体育慕课教学交互中常被人们所忽略的一个因素。态度是影响个人选择行动的内部状态。一个人对某件事情态度强烈的程度，往往是由他在各种不同情况下选择这种事情的频率决定的。现代高校体育慕课教育手段使得教师和学生能够跨越时空进行实时或非实时的教学交互，这是现代远程教育的优势所在，但对于学习者的情感要素来说，又是网络远程教育的缺点所在，也是在现有交互技术水平上比较难以把握的一个要素。

作为远程教育在新时代信息化背景下发展起来的一种新型教学模式，慕课在高校教育的土壤上迅速成长，逐渐成为传统教学模式外一种有力的补充。慕课不仅对远程教育传统的教学时空分离特征进行了传承，还在教学改革中与传统教学模式不断融合演变出新的教学形态，其特质也不断丰富和扩展。对慕课的特质进行分析，可以帮助我们更好地理解时下推行这种教育模式的必要性。

三、体育慕课教学交互活动的具体形态

（一）学习者与教师的交互

无论是传统的教学模式，还是教育信息化背景下新型的在线教学模式，学习者与教师

的交互都是最为高效的交互形态，在整个慕课交互体系中具有无可取代的地位。学习者与教师的交互主要为课堂答疑和情感引导，具有极强的针对性。主流慕课平台针如学堂在线和中国大学 MOOC 都设立了专门的教师答疑板块，除此之外，对教师参与主题帖的互动都专门做了教师标识，慕课平台中对于学习者与教师的这一交互形态的构建都较为重视。

学习者与教师交互多为双向交互，由同步交互和异步交互组成，受限于技术因素，当前学习者与教师的交互仍以异步交互为主，即教师在答疑板块或者是讨论板块答疑、发布教学信息或与学生进行其他交流活动。当前慕课交互构建的趋势是如何最大限度规避技术因素的限制，尽可能地将视频会议、同步课程等形式引入到学习者与教师的交互形态中来，缩短两者之间交互的延滞性，提高交互效率。伴随着科学技术的飞速进步，越来越多元的媒介进入到慕课平台中，同步交互也将逐渐成为学习者与教师交互的主要形式。

（二）学习者与学习者的交互

学习者作为慕课教学活动的主体，在整个慕课交互体系的构建中也扮演了最为重要的角色。从对包括中国大学 MOOC、慕课中国、学堂在线等在内主流慕课平台的观察可知，慕课教学活动中大多数的交互行为都集中于课堂讨论板块、答疑板块及留言板块，而这些主要交流板块中学习者与学习者之间的互动毫无疑问是中坚力量，学习者与学习者的交互在几种交互形态中的热度指数相应也是最高的，同时在其表现形式上也是最为明显的。慕课交互构建中对于学习者与学习者交互的建设形态可以归纳为线上认知性交互和线下的社会性交互。

学习者与学习者交互形态的构建其实质为网络虚拟社区的建设，课堂讨论板块、答疑板块及留言互动板块都为学习者与学习者进行线上的交流互动提供了载体，学习者主要通过发帖、回帖、留言等形式与其他学习者进行互动和交流，线上交互中，学习者与学习者的交互通常围绕该课程主题内容及延伸内容展开，即学习者群体间对于学习相关内容认知的互换。

学习者之间的线上的交互主要以学习认知互动为主，而线下的社会性交互则更偏重情感互动，在远程教育模式下，学习者都是相对独立的个体，在各自的封闭空间内难免会产生孤独感，而学习者与学习者借由慕课平台本身附带或延伸的媒介工具，如社交软件讨论群，学习者与学习者通过交流互动建立了一定的情感连接。学习者与学习者之间的交互不仅是线上认知性交互还有线上的社会性交互，这种交互形态的构建对于虚拟社区的建设、学习共同体的构造具有重要意义。

（三）学习者与平台的交互

在远程教育的交互构建体系中，学习者与平台的交互始终处于最基础的环节。所谓交互平台即受众与平台进行信息互换所必经的通道，受众通过指定窗口向平台发出指令输入信息，平台执行相应指令返回信息，完成互换和二次加工。平台交互是维持其他三类交互形态的载体，无论是教师通过答疑区回复学习者疑问还是学习者与学习者在讨论区发帖回帖进行认知交换，抑或是学习者通过音视频材料、流媒体等资源与学习内容进行交互，都需要平台的交互给予必要的支持。科学高效的交互平台设计是维持整个交互系统正常运转的基础。

学习者与平台的交互在当前慕课交互体系中主要分为以下两类。

（1）直接操作用户平台。如慕课特色的导航设计帮助受众快速定位自己所需，特征明显板块化的分别放置，服务于对于传统课堂的网络虚拟性再现体系，课件区放置多媒体课件学习资源供学生自主选择，相应的配套课堂讨论区、教师答疑区、公告板供学习者之间及与教师完成交互，这些设计都是服务于虚拟主体性的构建，在二维空间中完成对于课堂的重构，虚拟课堂的交互平台模拟设计构成了慕课平台交互的最核心环节，这种基础设计模式也被当前大多数主流慕课平台所采用。

（2）间接与其他平台交互。与其他平台交互则是在虚拟课堂设计之外的延伸，如对社交软件的绑定和第三方平台的连接，学生在慕课平台完成学习讨论之外还可以走向更多元的交流模式。

从两种类型来看，学习者与平台的交互是保障受众之间认知性交互以及更广泛的社会性交互的物质基础，对整个慕课交互体系构建具有重要意义。

（四）学习者与学习内容的交互

学习内容即慕课教学活动中所涉及的一切学习材料及资源，在大规模在线开放课程这种教育形式中，学习内容无疑扮演着极为重要的角色，学习者与学习内容的交互程度直接影响着教学目标的有效实现程度。远程教育最初始阶段学习者与学习内容的交互仅仅简单局限于来自授课机构邮寄的印刷材料，学习者与学习内容的交互是单向且反馈延迟性极高。随着媒介技术的发展，广播、电视进入大众视野，远程教育的学习资料也由纸质进化为音频资料，慕课作为远程教育在新时代教育信息化背景下的产物，其学习内容的广度和深度也有了一定程度的进化，相应地，也催生出慕课中学习者与学习内容交互的新形态。

在慕课教学活动中，学习者通过对学习资源传递的信息建构自我认知，完成对学习内容的吸收，学习内容的提供者根据学习者提供的反馈信息作出相应的调整，以此完成对学习内容的双向交互。当前慕课交互构建中通常将学习者与学习内容划分为以下两类。

1. 学习者与学习内容的隐性交互体系，即学习者与隐性学习资源的交互活动。慕课平台中录音、视频及附带的印刷资料都可以归类为这一体系，学习者通过与这些隐性学习内容的交互建立概念性的认知，隐性教学内容本身所附带的交互属性相对微弱，导致在这类交互体系下学习者与学习内容的交互指数较低，主要服务于学习者概念性的认知。

2. 在显性教学资源中的学习者与学习内容的交互体系，在慕课的教学活动中，表征最为明显的显性教学资源即为具备信息多重加工属性的计算机课件。因为显性教学资源带有信息的复合化处理，学习者在与学习内容交互中不仅可以建立相应的概念性认知，除此之外还可以进行再加工。显性资源所附带的显性交互功能也带来了相当程度的干扰性，这也是构建学习者与学习内容交互形态所需警惕的重点。

四、体育慕课教学交互设计与运行的优化

（一）加强师资队伍建设，合理化人员的配置

加强师资队伍建设，适应教育信息技术化的要求。转变教师的思想观念，消除对慕课这类在线教学模式的抵触心理，辩证地看待慕课在高校体育教学中的辅助性作用。提高教师队伍的信息技术运用能力，掌握在线教学的必要程序及课程制作的方式，提炼核心知识点，正确地讲解和示范，利用信息技术手段为学生创造在线教学情境。提高对慕课的认知程度，熟悉相应的平台，掌握课程论坛的互动规律，引导学生的互动走向，授课教师积极主动地与学校进行交流和沟通，为平台上的学员提供及时的指导和帮助，并鼓励和引导学习者进行互动活动。在远程教学的环境下，慕课讲师不仅是教师，更是辅导员和引导者。在具备教育信息技术化教学手段和在线教学交互意识的教师队伍的带领下，高校体育慕课的课程交互才能走向良性的发展道路。

合理化人员的配置，提高体育慕课教师团队的人员配比。不同于线下教学，体育学科的特性导致其交互需求程度高，且体育慕课受众多元化，授课教师在面对千倍于自己的学生群体，无法满足来自学生数以万计的互动需求，合理的教师团队应由授课教师、助教及技术人员三个方面构成，且人员配比较高。增加助教人数，由助教对学生的问题进行归纳整理解答或提交给主讲教师，排除课程论坛中与教学活动无关的干扰因素，对课程交互活动进行引领和指导，承担授课教师与学生群体交流互动的枢纽角色。增加技术人员的配比，协助授课教师完成课程的搭建，及时有效地解决相应的技术问题，保证课程交互体系的正常运行。在授课教师、助教和技术人员的三方协同下完成体育慕课课程交互活动，保证教

学目标的有效实现。

（二）提高学生素养水平，强化受众主体意识

提高学生素养水平，加强对慕课的认知。体育核心素养由运动能力、健康行为和体育品德三个方面构成，运动项目以运动参与为前提，也是运动技能形成的根本，学生的参与程度是决定教学效果的重要因素。远程教学模式的架构下学生的自我约束意识较薄弱，学习者的体育核心素养水平不高就导致在参与课程学习时的态度散漫，课程投入程度低。从根本上提高学生的素养水平，强化对体育慕课的认知，积极参与到课程教学中，对课程的主要内容、教学模式及课程要求等要素提前熟悉，以消除陌生感和不适感，在正式课程开始之前进行相应的自我引导和代入，以便适应在线教学情境尽快进入到学习状态。参与体育慕课的学生应当主动去提高自己对于慕课教学媒介的感知程度，适应平台社区，将慕课外的教学讨论移步到慕课平台中来，围绕课程本身展开互动，通过不同的渠道与不同的主体进行交互，提高对课程的学习程度。

强化受众的主体意识，提高学生参与课程交互的动机水平。与传统教学模式相比，慕课的学生来源各不相同，学生素养良莠不齐。针对不同学生进行聚类划分，根据他们的个人兴趣、学习动机及学习水平等因素因人而异地去安排不同的体育慕课课程，明确学生的主体地位，在分群分类的前提下找到适合每个学生个体的特色化课程。从真正意义上让学生实现我选即我想学，提高学生的学习兴趣，激发其主动到教学交互中去。结合内因的自我驱使和外因的外在保障，学习者在慕课学习中的自我约束能力提高，相应的对课程交互的参与程度也会提高。以学生需求为出发点，真正意义上确立学生的主体地位。

（三）完善学习支持功能，应用多维评价方式

完善学习支持功能，优化学习情境。在当前的慕课平台搭建中，学习支持功能主要分为导学、督学及助学三层，具体的落地形式即学习指南、信息提醒和集中答疑。完善的学习支持功能对于提高学习者对课堂的参与程度具有重大意义，尤其是对于体育慕课面对多元化的受众人群更需要学习支持的体系辅助于课堂教学。受限于慕课平台现有技术水平和设计取向，仅有少数比例的体育慕课课程同时配备了三个层次的学习支持服务的课程。高校应更新和扩展现有学习支持功能，如 edx 和 Coursera 国外慕课平台正在应用的在线教学社区交流功能，利用第三方软件实时互动。基于导学支持、学习督促及辅助学习三个维度完善相应的学习支持功能，为体育慕课搭建更高效的教学情景，提高受众的课程参与水平。

应用多维的评价方式，丰富成绩评价和证书认证方式。建立多维度的课堂评估机制是优化体育慕课平台设计的重要举措，尤其是相较于其他学科，体育学科的特性决定了考察条件的各种限制，也为评估增添了难度。高校教师对学生学业成绩的评价主要基于日常的

考勤打卡、作业上传等简单手段，评价结论为简单的合格或不合格。这种评价方法过于粗糙，既不能有效地反映学生的实际学习水平，评价结果过于单一化。体育课程常用的形成性评价和终结性评价结合的方式，在慕课教学评估中很难得到落实。通过大数据技术可以全面记录每个学生的交互数据，然后根据互动频率和内容分析来评价学生在课堂上的学习行为。交互式数据评价方法基于大数据记录，一方面，客观地反映了学生的真实参与交互活动情况；另一方面，它也使评价过程结合形成性评价和终结性评价的特质。完善证书的认证体系，采用线上电子证书和线下纸质证书结合的方式，普及免费认证证书和官方渠道的收费认证证书，这有利于激发学生的积极性和主动参与教学交互的动机。

（四）优化课程学习资源，创设高互动性课程

优化课程学习资源，提高体育慕课教学内容的质量。高校体育慕课受众群体以非体育专业普通大学生为主，不同于体育专业学习者选择体育慕课的专业倾向性，体育慕课的受众选择课程通常建立在自我运动兴趣和运动基础上，这也是当前健美操和武术类课程热度居高不下的原因所在，合适的优质课程资源直接影响学习者的参与兴趣。调整如体育文化和运动项目规则这类概念认知型课程的比例和内容制作形式，提高教学课件的制作水平，根据学生的专注度法则，结合教学内容合理控制课件视频时长，既防止知识体系过于碎片化又要考虑学生的注意力负荷，以 15 ~ 20 分钟为佳。摈弃传统在线教学模式中单一的视频录制形式，结合教学内容的传达需要采用如虚拟演播室、计算机录屏及实地拍摄等在内多种视频形式制作教学课件，丰富课程内容，创造良好的教学情境。

创设高互动性课程，对应学生的实际需求。在面对面的课堂中，师生之间的互动是全息的，除了语言和文字外，肢体语言、表情和态度传达的信息是无法用语言表达的，但可以被理解和感受。然而，在体育类慕课中，大量的信息被过滤，原本可以通过意向和情感表达的信息大部分丢失，师生之间的及时反馈被严重削弱，所以在体育慕课教学中一味照搬传统课堂模式，很难建立良好的师生教学互动。因此非常有必要设计适应在线交互的教学内容，将教师从自说自述中解放出来，充分调动学生的积极性，以此来加强师生的交互。体育学科根据自身的特性在制作初始阶段便着眼于将内容向交互性靠拢，在内容编排上加大互动游戏环节的比例，任课教师需要结合授课内容，精心设计课程的互动主题，相应减少文本内容，加强互动，浓缩课程内容，加强课与课的衔接性，在有效时间内吸引受众的注意力。通过在课程内容上向交互靠拢，尽可能地规避远程教育时空界限给体育学科教学带来的阻碍，最大限度地摆脱传统教学模式的束缚，创设具备交互特性的体育慕课。

第六章 体育教学方法创新之翻转课堂教学

第一节 翻转课堂教学的产生与特征分析

一、翻转课堂的内涵界定

翻转课堂也可以叫作颠倒课堂、反转课堂。这里所说的"反转"主要是针对传统课堂教学而言的。翻转课堂是人们普遍接受的概念。不管是在国外还是国内，翻转课堂的定义始终在发生变化，不断完善，这也体现出教育教学研究者对翻转课堂研究的日渐深入。虽然人们对翻转课堂的概念还没有完全统一的界定，但是对翻转课堂内涵的分析研究从未停止。

1. 翻转课堂就是一种教学形态，由教师创作录制教学视频，学生自己在课下观看视频，再在课上与教师进行交流，并完成教师布置的作业。此前，他们对于翻转课堂的表述大多基于其基本做法，比如学生晚上在家观看教学视频，第二天在教室完成作业，如果有问题就与同学讨论或者向教师求助。这种对翻转课堂的定义，主要是将翻转课堂教学与传统课堂教学相对比，由此突出其特征，帮助人们认识这一教学形式。

2. 翻转课堂是学生利用课前时间借助教师给出的教学资源，包括多媒体课件、视频材料等，自主完成课程的学习，然后再在课中与教师进行互动，一起阐释问题、探究问题，并且完成作业练习的一种教学模式。

3. 翻转学习改变了直接教学的空间，就是由群体空间转向了个体空间，使群体学习空间变得更具动态性与交互性，从而促进学生在学习过程中充分发挥自身的创造性与主动性，积极参与学科学习。

上述三个关于翻转课堂的界定各有侧重，这些界定对翻转课堂内涵的描述主要着重于翻转的形式，说明中国翻转课堂的研究和实践主要还是聚焦于形式上的翻转课堂，对翻转课堂的本质有待深入。

综上所述，可以将翻转课堂界定为：将原来需要在课堂上完成的知识传授提前到课前，再将原来需要在课后完成的知识内化放到课堂中完成。至于翻转课堂的教学资源、教学信息技术以及具体的教学组织方式等，都不属于翻转课堂的原始要求，它们都是在翻转课堂实践发展的过程中延伸、演化出来的部分。翻转课堂的本质是赋予学习者更多的自由，将传授知识的环节放在课前，是为了让学生自由选择适当的、舒适的学习方式；而将内化知识的环节放在课中，是为了让学生更多地、更有效地与教师及其他同学进行交流。

二、翻转课堂的产生背景

1. 信息技术的推动

第三次科技革命推动了信息技术的发展，随着计算机技术的推广应用，世界各国的生产日趋自动化，科学技术、国防技术乃至管理手段都越来越现代化，同样，情报信息也在朝着自动化的方向发展。信息技术的变革辐射着人类社会的方方面面，其影响力巨大且深远，教育作为人类社会中的重要领域自然也会受到信息技术变革的影响。

"随着信息化社会的不断发展，教学的资源更加丰富，教学的手段也更加多样，教师主宰课堂的灌输式教学已经无法适应当前教育教学的需求，将信息技术广泛应用于教育教学领域已经成为时代发展的必然趋势，这对提高教育教学质量和优化人才培养模式具有重要的现实意义。"[a] 在信息化时代背景下，人们不得不重新审视原有的教育教学制度，重新设计教学模式，从而让现代信息技术在教育领域发挥重要作用。因此，现代教育的目标也发生了一定的改变与扩充，即要求学生能够具备获取信息、分析信息、处理信息、加工信息的能力，具备较好的信息素养。

信息技术在教育领域的渗透会极大地推动教育教学的变革进程，会在一定程度上改变教师的教学模式与学生的学习方式。这是一种必然的趋势，因此，我们必须及时更新教育理念，对现代教育技术予以足够的重视，积极地探索信息技术在教育领域的有效价值，充分利用信息技术的优势发展教育教学事业。

2. 社会需求的推动

现代社会发展节奏快，要求人们能够快速地接受、理解新鲜事物，具备较强的学习能力，拥有较强的求知欲。在飞速发展的社会中，如果不能持续地学习、不断地完善自己，就很难适应时代的变化，人们应该顺应时代、紧跟时代，保持求知欲望，不断在新的时代背景下反思自己的生活。

在未来社会，高层次人才除了要具备专业的知识技能之外，还须具备一定的学习能力、创新能力和发展潜力，并且还要具备自我个性。这就要求现代教育关注社会的需求与人才的培养，努力培养出满足现代需求的优秀人才。

3. 教育现实的推动

教育形势的发展可以从学徒制说起，在工业革命出现之前人们大多以这种形式开展所

---

a 王国亮：《翻转课堂引入体育教学的价值及实施策略研究》，载《北京体育大学学报》2016 年第 39 卷第第 2 期，第 104 页。

谓的教育活动。学徒制主要采用现场教学，教学场景基本是真实的工作环境，教学对象往往具有个别性，教学方式就是师父口述、示范，然后学徒在师父的指导下进行实践，学徒制教学模式下培养出了许多技艺高超的手艺人。

后来随着工业革命的兴起，工厂日渐规模化，社会对于劳动力的需求增加，同时对劳动力的知识技能要求也有所提高。也就是说，人们迫切需要普及推广教育，扩大教育规模，提升教学效率，从而在短时间内获得更多的能够满足社会需求的劳动力。显然，学徒制不再符合时代发展的要求，于是班级授课制就产生了。班级授课制是以班级作为教学单位开展教学活动的形式，通常，教师都会根据设置好的课程时间表，向一些固定的学生讲授知识内容，这些知识内容往往也是统一的。班级授课制满足了工业革命的需求，其原因在于它具备一些不同于以往教育形式的特点与优势，而这些优势实际上一直在教育领域发挥着重要作用。

具体来看，班级授课制的特点主要有三点：①班级授课制具有系统性，它能在规定的教学时间内让学生学到大量的知识，并且这些知识不是零散的，具有一定的系统性，便于学生建立知识体系；②班级授课制采用"一对多"的教学模式，一个教师可以向多个学生授课，与学徒制相比，其教学效率得到了极大的提高；③班级授课制以"课"为标准，设置好的"课"决定着教师的教学进程与学生的学习要求，因此教师在进行教学管理时也只需以"课"为中心，统一学生的学习步调，相对较为高效。班级授课制符合工业革命在短期内需要大量人才的要求，其系统性、高效性是促进这一教育形式发展的重要优势。

随着计算机技术与信息技术的普及，人类社会再次有了突飞猛进的发展，信息化时代悄然降临。现代信息社会对人才的要求不断提高，要求人才具备一定的信息技术技能，还要具有应急处理能力，此外最好还具有一定的创新思维，勇于自主学习，具有探索精神，等等。与工业革命时期相比，信息革命再一次提高了对教育的要求。于是班级授课制的不足也显现了出来，人们必须开始探索新的教育形式。不管是工业革命还是信息革命，人们的思维观念都在这一次次的革命中受到了冲击，新的时代环境要求人们作出新的改变，终身教育与自主学习的理念成为人们推崇的新理念。终身教育要求人们终身学习，始终保持学习的热情；自主学习要求人们根据自己的需求和时代的发展，主动地、积极地开展学习，从而找到自己的价值。

通过梳理教育形势的发展变化可以看出，第一次教育革命发生在工业革命的浪潮下，教育形式从个别的、单一的学徒制转变为规模化的、系统的班级授课制。第二次教育革命则受到了信息革命的影响，教育形式开始逐渐由班级授课制转向更为丰富的终身教育、自主学习形式。时代的变迁、社会的发展影响着教育组织形式的变化，因此要想促进现代教育的良好发展，就必须把握时代的脉搏，分析教育发展的现状，找准教育变革的出路。可见，教育变革正面临关键的转折，现代教育事业必须把握时机，积极变革。

4. 学生个体差异的推动

每个个体之间都存在差异，不同的学生也有着不同的学习需求。具体来看，学生在学习过程中的个体差异主要可以从以下方面进行探讨。

（1）学生的学习风格存在差异。每个学生都有着自己的学习风格。有的学生接受能力强，学习速度快，可能会早早地掌握课程内容，之后有可能对教师的反复讲解感到厌倦；而有的学生接受能力较弱，学习速度较慢，可能会觉得教师进度太快，难以跟上课程进度，之后也有可能丧失学习信心。学习风格没有好坏，也与学生的智力水平没有关系。我们不能简单地认为学得快的学生就有着较好的学习风格。不同的学习风格还反映着不同的知识掌握能力。有些学生可能只是没有充足的时间来完成知识的内化，如果有了充足的时间，他们对知识的理解或许会比学得快的学生更加深入，对知识的掌握也更加扎实，对知识的记忆更加牢固。

（2）学生的学习动机存在差异。学生的学习动机并不会对其学习过程产生直接的影响，它更多地表现为间接的影响，良好的学习动机能够有效增强学习效果。比如，意志力强的学生可以长期地保持一种积极的学习状态，从而达到预期的学习目标，而意志力较弱的学生则只能保持短时间的良好学习状态，容易半途而废。每个学生的学习动机都不同，教育教学应该关注学生的学习动机，为学生制订个性化的学习目标与合理的学习计划，为学生提供具有针对性的指导，从而帮助每个学生实现自己的学习目标。每个学生在认知方式、学习风格、学习动机上都存在差异，而这些差异共同构成了他们不同的学习需求，也可以说构成了他们的学习个性。要想满足学生的差异化需求就必须关注他们的个性，为学生的个性发展予以帮助。

三、翻转课堂的特征分析

翻转课堂在许多方面都对传统课堂教学进行了革新，作为一种全新的教学模式，它具有一些颠覆传统课堂的突出的特征，翻转课堂改变了传统的教学过程，对课堂的时间进行了重新规划与分配，在传授知识的方式方法上有所创新，并且促进了教师与学生身份角色的转变。

1. 教学过程的创新性

对传统教学过程的颠覆是翻转课堂最为突出的特征。一般来说，传统教学的过程就是"教师讲授知识—学生完成作业"，这种教学过程把讲授知识的环节放在了课堂上，将内化知识的环节放在了课下，主要由学生自己完成。

翻转课堂的出现将这种教学过程彻底颠覆了，它将讲授知识的环节置于课前，将内化知识的环节置于课中，将巩固反思的环节置于课后。具体来说，翻转课堂要求教师在课前就做好相应的教学准备，按照课程目标搜索、整理或自己制作教学视频，为学生提供充足的学习资源，这样可以让学生在课前就完成基础知识的学习，让教师在课前就完成教学讲授；在课中，学生可以在课前学习的基础上提出自己的问题与困惑，教师则能够及时地予以解答指导，并且教师还可以组织学生进行小组讨论、合作学习，让学生在课堂上就完成知识的内化；课后，教师同样可以为学生提供有针对性的学习资源，帮助其补充知识，巩固记忆，鼓励学生积极进行学习反思。

可以看出，翻转课堂将传统教学过程完全颠倒了过来，并且对教学过程中各个环节的功能作用进行了重新定位。

2. 教学方式的创新性

翻转课堂的又一重要特征就是对教学方式的创新，其中最具代表性的就是短小精悍的课程视频，教学视频是翻转课堂教学资源的集中体现。

翻转课堂中的教学视频则在一定程度上改变了这种被动的局面，学生可以通过短小但内容丰富的教学视频来接受知识，并且还可以根据自己的需求暂停、回放、慢速播放视频，这有助于学生把握自己的学习节奏与学习进度，充分鼓励了学生的自主性发挥。在课前或者课后观看教学视频，也会让学生更加放松，在一个相对舒适的环境中学习，不需要神经过度紧绷，如果有不懂的地方还可以反复观看，强化记忆。在之后的复习巩固中，教学视频也发挥着重要的作用。

3. 课堂时间的重新分配

对课堂时间的重新分配是翻转课堂的重要特征，具体体现在对教师讲授时间的缩减以及对学生学习活动时间的增加上。

在传统的课堂教学中，教师需要把大量的时间花费在知识的讲授上，学生就只能被动地听讲。

翻转课堂则改变了这一局面，它为课堂互动、师生答疑、探究讨论等教学活动留出了大部分的时间，期望学生能够在相对真实的情境中完成知识的学习，并且能够学会交流与合作。由于翻转课堂将教师的讲授环节放在了课前，因此它既保证了教学内容的充足，也有效活跃了课堂氛围，提升了课堂互动性。这种对课堂时间的重新分配有助于加强学生对知识的内化程度，深化学生对学习内容的理解。并且课堂交互性的提升对之后教师开展教学评价也有一定的帮助，教师能够通过学生的互动表现了解学生的学习状况，学生也能在教师的评价中进行反思，更加主动地把握自己的学习。

可以看出，翻转课堂从整体上提升了课堂时间的有效利用率。

4.师生角色的转变

教学过程的颠倒、课堂时间的重新分配自然也影响着身处课堂之中的教师与学生，翻转课堂的特征之一就是师生角色的转变。在传统课堂教学中，教师几乎占据着"主角"位置，但是在翻转课堂中，学生成了课堂的中心。学生在学习过程中遇到了问题可以向教师寻求帮助，教师主要负责为学生答疑解惑，提供及时的、具有一定针对性的指导，教师从以往的讲授者变成了学习资源的提供者，变成了学生学习过程中的引导者、帮助者。这也代表着课堂的中心不再是教师，而是学生。这种身份角色的转变向教师提出了更高的要求，教师除了要具备讲授技能之外，还需要具备收集整理教学资源、录制教学视频、组织教学活动的技能。

与此同时，学生在这样的课堂上也需要充分调动自己的主动性，不能再被动地接受知识，而是要积极、主动地汲取知识、内化知识。学生成为课堂的中心，就意味着学生将成为知识意义的主动建构者，他们可以按照自己的学习节奏、学习步调选择合适的学习时间与学习内容，遇到较容易吸收掌握的知识可以适当加快学习速度，而遇到较复杂的内容可以放慢学习速度，反复观看教学视频，仔细探究学习。学生不能再一味地等待教师给出答案，而是要通过自己的努力寻找答案。此外，师生角色的转换也有助于拉近师生关系，对营造良好的教学氛围有一定的益处，师生之间、生生之间可以交互协作，学生可以在丰富的教学活动中掌握知识内容。学生角色由"被动接受者"变为"主动探究者"。

第二节　体育教学中翻转课堂的应用理论

一、翻转课堂的理论基础

（一）掌握学习理论

20 世纪以来科学技术迅速发展，布卢姆认为现代社会发生了巨大的变化，各国的教育也都面临着重大改革，人们要改变传统的教育观念，不应再满足于培养少数优秀人才，要大力普及教育，关心每一个学生。于是在 20 世纪 60 年代提出了"掌握学习理论"，即在"所有学生都能学好"的思想指导下，以班级授课制为基础，辅之以经常、及时的反馈，为学生提供所需的个别化辅导以及所需的额外学习时间，从而使大多数学生达到课程目标所规定的掌握标准。布卢姆认为只要给予足够的时间和适当的教学，几乎所有的学生对内容都能达到掌握程度，也就是说学生学习能力的差异不能决定他要学习的内容和学习的好坏，而只能决定他需要多少时间才能达到内容的掌握程度。

掌握学习理论的基本实施过程可概括为：学生定向—常规授课—揭示查错—纠正差错—再次测评—总结性评价，其意义就在于培养乐观主义学生，形成新型的个别化教学实践。翻转课堂正是在此基础上将教学过程分为课前、课中、课后三个部分，因此掌握学习理论可以说是翻转课堂的基本理论支撑。

（二）自主学习理论

我国对于自主学习理论的研究历史悠久，可以追溯到先秦时期，大体上看可以划分为20世纪20年代以前（思想提出）、20世纪20—70年代（实验）、20世纪80年代以后（系统研究）三个阶段。自主学习有以下三个方面的含义：

1. 自主学习是学习者态度、能力和学习策略等因素综合而成的一种主导学习的内在机制，就是学习者指导和控制自己学习的能力。

2. 自主学习指学习者对自己学习材料的控制权，可以自己选择学习材料的程度。

3. 自主学习是在教师指导下，学习者根据自身条件和需要制订并完成具体学习目标的学习模式。

翻转课堂的新奇之处就在于以学生为中心，将学生放在主体地位，实现个性化教学。

（三）混合学习理论

混合学习虽是教育界的一个新兴词汇，但其理念和思想却早已存在，被认为是在线学习和面授相结合的学习方式，其本质是一种新型的学习方式或学习理念，按照系统论的观点和绩效方法，恰当结合传统学习和在线学习的学习方式。混合学习的学习过程可以是基于 Web 的技术结合，是多种教学方式和教学技术的结合，共同实现最理想的教学效果，是任何形式的教学技术与基于面对面教师教学培训方式的结合，是教学技术与具体的工作任务的结合，以形成良好的学习或工作效果。混合学习就是在既发挥教师引导、启发的主导作用又要体现学生学习过程的主体性的前提下，将传统学习方式的优势和数字化或网络学习的优势结合起来，只有将二者相结合才能取得理想的教学效果。

翻转课堂流程就在于课前学生通过观看视频学习，课上与老师同学进行交流，课后对问题进行总结反思，充分利用了混合学习理论的优势，将传统面授教学与线上教学相结合，在学习过程中充分体现了教师的主导地位和学生的主体地位。

二、翻转课堂的实施条件

一个新兴事物的产生，往往离不开特定环境或技术的支持，翻转课堂亦是如此，只有在环境或技术等外界条件完善的情况下才能保证其实施效果，在总体上看来，翻转课堂的主要实施条件可以概括为以下四方面。

（一）全面的网络覆盖

翻转课堂可以说是由网络和实际面授两个平台相结合，共同完成教学任务，所以对网络有着必要的要求。网络平台主要是学习媒介和学习工具的选择，目前有很多教学媒介，如 QQ 群和微信群，主要用于上传教学所需的教学视频、对学生进行在线的测评、学生作业的反馈、教师对学生视频掌握程度的了解。翻转课堂有一个最大的特点就在于它不需要受教学地点的限制，学生可以在任何地点完成教学视频的学习，这就要求学生所在之处要有全面的网络覆盖。学习工具主要就是指学生接收教学视频的电子产品，如计算机和智能手机，电子产品的使用也需要全面的网络覆盖，可以说网络为翻转课堂的实施提供了保障。

网络教学平台的主要作用是进行课前知识的传递，由教学视频专区、学生签到专区、教学问题专区、学生测验专区、师生交互专区、学生反馈专区六个部分组成。

（二）培养专业的教师

不管什么级别的教学都会随着社会的发展而去和社会接轨，因此专业的教师培养是必不可少的，教师也只有不断完善自己才能更好地进行教学工作。"教学改革的实施者是教师，加强高校体育教师的基本素养，体育教师应具有渊博的知识、较深的理论基础、高尚的情操和专业的实践教学能力，懂得教育学、心理学知识、运动人体科学知识等，加强对体育教师综合素质的培养，平时要注重高校体育教师在专业技能培训、职业教育培训、对外交流方面等对体育教师进行有效的教育活动，特别针对翻转课堂的开展，着重提高体育教师信息化教学能力。"[a]

翻转课堂作为新兴的教学模式，在许多方面都打破了传统教学模式，如教学理念、教学设计、师生关系等，这些都要求教师在实施该模式教学时做出相应科学合理的改变，对教师的教学视频制作或开发、教学问题设计、教材理解程度、知识储备以及专业素养都有着极高的要求，在这种要求下教师如果不接受专业的培养，要想成功实施翻转课堂是无法

---

[a] 许丽：《高校体育教学中翻转课堂教学模式应用研究》，载《高教学刊》2020 年第 30 期，第 101 页。

实现的，所以提前进行专业的教师培养也是保证翻转课堂顺利实施的条件之一。

（三）教师要充分了解学生

翻转课堂教学模式实施的对象主要是学生，一个班级中每个学生的学习能力以及对知识的接收能力都不尽相同，所以这就要求教师在设置教学任务时对学生进行充分的了解，设置科学合理的教学目标，在不了解学生情况下的教学设计无论教师设计得多么精彩，多么优秀，这场教学活动都是不合理的，更别说翻转课堂的顺利实施了。

（四）充足的资金和专项技术

翻转课堂教学模式对教学视频的要求很高，教学视频可以说是翻转课堂成功的第一步，教学视频要求视频长度适宜、画面清晰，内容能引起学生的兴趣，重难点突出，这就要求制作者对视频进行反复剪辑推敲才能达到要求，这些单凭教师一个人的力量是无法完成的，即使网络上有相关的教学视频可以参考但也都是付费的，无法进行本土化的教学，可见要是没有充足的资金和专项技术的支撑，翻转课堂也很难实施。

三、翻转课堂的应用流程

翻转课堂教学模式是一个系统的教学模式，主要分为课前、课中、课后三个部分，其中重要的一点就是师生关系的改变，教师更多的是处于引导地位，而学生则处于学习的主体地位，要进行自主学习，另一重要的点就是师生之间的交流，教师要将问题提供给学生，同时学生也要进行及时的反馈，师生之间体现交互性，这也是翻转课堂成功实施的一个关键点，教师及时了解学生对学习的需求，再去设计自己的教学视频，激发学生的学习兴趣，进而保证完成教学任务。

（一）课前应用

1. 体育教学平台的选择

网络教学平台的选择可以说是翻转课堂成功的第一步，在选择平台的时候要考虑其功能和实施所处的现实环境能否实现教学视频的正常上传与接收，其功能还应包括教学视频专区、学生签到专区、教学问题专区、学生测验专区、师生交互专区、学生反馈专区，所选择的平台能基本保证翻转课堂课前教学的要求。

2. 体育教学视频的制作

学生在课前阶段对于体育课程的学习主要以观看教师上传的教学视频为主，教学视频的质量会对学生的学习效果和学习态度产生直接的影响，因此高质量的体育教学视频是体育教学平台建设的重点。教师可以通过两个途径制作视频，一个是教师自己制作，另一个就是教师进行网上搜集，各种体育相关软件公众号查找，最后根据需要进行整合。不管选择哪一种途径，教师对教学视频的制作都要做到"精炼"，"精"是指对视频的制作要精益求精，能够引起学生的兴趣；"炼"是指对教学内容的提炼，对教学重难点进行提炼，使其浓缩在 5 ~ 10 分钟的视频中，这样才不会引起学生的反感。

3. 打造良好的学习氛围

体育课程的学习主要包括理论和实践两个部分，有时理论课的学习难免乏味，这就要求教师要打造一个良好的体育学习氛围，吸引学生的眼球，让学生对体育产生兴趣，教师可以在体育教学平台上设置专门的爱好交流专区，了解学生对体育的爱好，投其所好，上传其感兴趣的视频，此时的视频应做到精致化，给予学生视觉上的冲击。

4. 教学视频内容的划分

体育教学视频是根据体育教学内容来制作的，所以在制作教学视频前要对教学内容进行分析划分，在划分时要考虑其教材和教学目标，做到划分的合理化，还要全面考虑学生情况，做到本土化，更要注重教学内容的内在联系，做到连贯性，最后教学内容最为重要的一点在其结束教学以后，要做到方便对学生的评价。

5. 学生学习情况的评价

翻转课堂能否进入到课中阶段有一个重要的参考指标就是对学生课前教学视频学习情况的评价，文化课程的教师可以根据平台上在线测试对学生学习情况进行评价而有所了解，但体育教学则多以动作技能学习为主，单靠在线测验恐怕不能掌握学生的学习情况，这就要求教师要想其他办法对学生学习情况进行了解。这时候教师可以要求学生将自己对视频的理解或哪里有不懂的地方发表在平台上，也可以将自己对动作技能的理解拍成视频上传，这样教师在浏览平台以后就可以初步对学生的学习情况做到心中有数，进而进行下一阶段的教学。

（二）课中应用

1. 体育教师的组织策略

课中阶段属于线下教学阶段，这个阶段教师要面向学生进行面授教学。由于学生在课前进行了动作技能的学习，这时教师的作用就是引导，与学生共同讨论，解决学生存在的问题。学生分组练习，展示学习成果，这种形式与传统课堂还是不同的。由于体育教学的特殊性，需要教师在指导过程中进行示范教学，但是要注意示范的重点，结合学生问题进行有针对性的示范教学。在时间安排上，应给予学生充足的时间进行问题的讨论、动作技能的练习，最后让学生进行成果展示，这样会激发学生的学习热情，也会让学生对体育学习产生兴趣。

2. 体育教师的讲解策略

翻转课堂下的教师讲解应以"精"讲为主，教师要充分分析学生的线上学习情况，根据学生的掌握情况来确定课中讲什么，做到有重点、有针对性地进行个别化指导，多让学生进行小组讨论，培养学生自主探究的能力。

（三）课后应用

体育课程的学习以动作技能学习为主，动作技能是指通过练习而巩固下来的、自动化的、完善的动作活动方式，其形成过程从基本规律上看可分为泛化、分化和巩固三个阶段，对应在翻转课堂中泛化可视为课前阶段，分化为课中阶段，巩固则为课后阶段，可见课后的巩固练习还是很重要的，教师可以根据学生具体情况对其进行课后作业的布置，划分小组，对学生进行以小组为代表的阶段性检验，让每个学生都参与其中，记录平时成绩，以激励学生的练习动力，也可根据学生意愿进行相关教学比赛与拓展，使其动作技能不仅得到巩固还能达到提升的效果。

第三节　体育翻转课堂导案的理论分析与设计

导案也称自学导案，是教师在课程标准和教学大纲的要求下，根据每节课的教学内容，制作成可供学生在课前阶段学习的微视频、图片、文字等资料的合集。目的是引导学生明确学习任务、自主学习教学内容、抓住知识的重点和难点，进行独立地分析和思考，为课上的练习和探讨作铺垫。成功的导案能激发学生的学习兴趣，引导学生思考，培养学生独立解决问题的能力和意识。

一、体育翻转课堂导案的理论分析

（一）运用导案是开展体育翻转课堂的基础

体育翻转课堂教学模式对于教学内容的传授主要是通过学生在课前阶段学习导案实现的，区别于传统教学模式的课上讲授，翻转课堂共分为课前、课上和课后三个阶段。

课前，教师将本节课的教学内容和相关资料制作成导案上传给学生，学生通过观看导案了解和学习技术动作，在此基础上教师制作的导案要能引导学生思考，学生根据导案的引导和学习中产生的问题可以和老师同学进行在线探讨，从中教师可以了解学生的学习情况、分析学生存在的共性和个别问题，并根据存在的问题制订有针对性的解决方案。

课上，教师先对自学中出现的共性问题进行集中讲解和纠正，由于课前自学阶段节省了大量课堂讲授时间，剩余的课堂时间学生就可以进行充分的练习和探讨，在教师的组织下学生可以以小组为单位，结合自身的实际情况选择实践练习或者理论交流，在此期间教师也可以根据出现的个别问题对每个学生进行有针对性的指导。

课后，学生总结练习中出现的问题，反思学习中自身的不足，借鉴其他同学的学习方法和学习经验，结合导案进一步巩固和提高所学的技术动作和知识。

综上所述，体育翻转课堂是由课前阶段、课上阶段、课后阶段构成的一个整体，无论是课上的练习探讨还是课后的反思总结都是以课前阶段运用导案为基础的，要确保导案与课上、课后的连续性和层次性。所以在课前阶段运用导案时一定要明确任务，确保三个阶段的整体性。

1.导案是课上练习的引导。导案的主要作用是对技术动作和知识点的传授，并在传授知识的过程中不断引导和启发学生思考。教师要善于利用自主学习结束后的沟通交流及时了解学生的技能掌握情况，只有这样才能在课上进行有针对性的练习和纠正；学生根据导案进行学习和思考，可以在课上进行小组探讨，以合作的形式开展练习、解决问题。由此可见，导案是课上练习的引导，教师要根据学生在课前阶段对导案的实际学习情况灵活组织课上练习。

2.导案是课后总结的依据。学生在课前阶段主要是依靠自身的自学能力完成的，自学能力强的学生能较快掌握导案中的技术动作，在课上就有更多的时间进行练习和探讨。对于自学能力较弱的学生，在课后要借鉴自学能力强的同学的学习经验，结合导案多反思自身的不足，不断提高自己的自学能力。由此可见，导案是课后总结的依据，为日后的学习提供了新的思路。

（二）运用导案的理论依据

1.掌握学习理论。掌握学习理论关注大多数学生的成长，强调单元化教学，注重对每个单元的理解和掌握。运用导案的优势就是不受时间场地的影响，每个学生可以针对自己不懂的地方反复多次观看，加强对知识点的理解和记忆。

2.自主学习理论。自主学习理论以学生的需要为出发点，使学生能够自主选择教学资源和材料，自主制订学习计划和学习方法，能够在学习过程中自主监督、调控和评估。学生在课前阶段即是自主学习的过程，非常强调学生的自主性，能提高学生学习的积极性，对学生自主学习能力有促进作用。

3. 建构主义学习理论。建构主义学习理论认为学习不是将知识原封不动地粘贴复制到脑子里那么简单，而是根据自身的经验主动在大脑中加工构建的一个过程。运用导案，能最大限度地引导学生对技术动作和知识进行构建，培养学生的探究精神和思维能力，是建构主义的体现。

4. 人本主义教学理论。人本主义教学理论认为教学活动应该把学生放在主体地位，注重教学活动中对"自我"的体现。翻转课堂的导案强调学生的主体地位，注重教学活动对学生全面发展的作用，充分体现了人本主义教学理论的观点。

（三）运用导案的前提条件

1. 学校课程的整体规划

翻转课堂教学模式对学生综合能力的提升具有明显效果，但同时也十分消耗师生的时间和精力，如果多门课程同时开展翻转课堂对于学生来说课前的学习负担会非常重，而且对视力也有损伤，在此情况下翻转课堂不一定会取得预期的教学效果。而对于体育学科来说，实践性强的特点就决定了有些技术动作不是十分适合运用翻转课堂，如果体育教师不区分对待而是全部制作成导案，不仅加大了教师和学生的负担，更起不到翻转课堂应有的教学效果。这就要求学校和教师要统筹规划、研究讨论、合理分配翻转课堂的应用。

教师要做到合理分配课程时间，各门学科交叉进行，避免过度密集带来的负面影响；合理分配教师工作任务，制作导案是十分消耗时间和精力的任务，学校要根据每个教师的专长特点统一安排、协作配合，共同制作和完成专业课程的导案；合理安排学生的课后任务，学习导案是非常消耗时间和精力的，各种补习班和作业就占据了学生大量的课余时间，导致学生很难用心或者根本没有时间去自学导案，所以学校要整体规划学生的课后任务。

2. 教师要具备制作导案的能力

从表面上看，翻转课堂教学模式下学生需要在课前自学导案，取代了教师课上的讲解与示范，这种教学模式看起来教师在课前阶段不用直接面对学生，对学生的了解程度并不影响制作导案。但是实际情况是，教师如果想制作出一份优秀的导案，就需要对学生更加了解。在翻转课堂教学模式下导案的目标构成分为班级目标、小组目标、个人目标，教师在课前制作导案时就要根据全班的整体情况充分考虑，制订全班都要完成的班级目标；而小组目标就需要教师将水平相近的学生进行分组，这就建立在教师对学生了解的基础上才能实现；个人目标则需要教师对学生进行更加细致的了解，使导案能满足不同学生的发展需求。教师可以通过课上的观察、与学生的直接交流或与家长的交流、课堂测试、他人评价与自我评价、调查问卷等形式对学生进行了解。所以充分了解学生是保障教师制作的导案具有针对性和实效性的基础。

在充分了解学生的基础上，教师还要具备使用现代化信息设备的能力。教师在使用摄像机对技术动作进行视频录制时既要确保动作的完整与清晰，又要考虑拍摄角度对教学效果的影响，教师在视频剪辑时既要保证内容的完整性，又要考虑视频的时间长短对学生学习兴趣的影响；教师在制作导案时要注意教学内容的逻辑顺序与递进关系，要注意重难点的突出，确保学生在学习过程中有清晰的思维，还要注意导案内容的丰富多样，避免单一化形式对学生的负面影响，合理运用微视频、图片、文字等多样式的手段激发学生的学习兴趣；更重要的是制作的导案能够引导学生思考，激发学生想象，营造出师生间和生生间愿意相互交流相互评价的空间。由于课前导案是以单方面传授为主，加之是以网络授课的形式发放给学生，很有可能会使学生感到枯燥无聊，这就对教师制作导案的能力提出了严格的要求，一节优秀的翻转课堂，必定是以内容完整、生动多样、注重引导的导案为基础的。

3.学生要具备学习导案的能力

（1）学生运用网络设备的能力。课前阶段运用导案进行教学，除了学校因素和教师因素外，学生学习导案的能力是另一重要因素，而学生能熟练地运用网络设备是完成课前自学任务的基础。首先学生要能够正确熟练地使用网络学习导案，掌握在线交流互动的方法；在此基础上，学生要掌握利用网络检索和筛选相关资料的技巧，能在繁多的资料中快速有效地进行识别判断，提取和整合所需内容。

（2）学生的自律性与自学能力。翻转课堂教学模式下学生课前自学的特点就要求学生需要具备较强的自律性和自学能力。生动有趣的导案能增加学生的学习兴趣，而较强的自律性也是学生完成课前自学任务的重要保障，因为学生课前学习的地点可能千差万别，开放的空间很有可能造成学生自我放松，在没有老师约束的情况下，学生的自律性就显得尤为重要：一方面，学生的自学能力主要体现在对重点难点的把控上，虽然导案中有老师对知识点的讲解、对重点难点的提示、对问题的引导，但是脱离了老师的实时监控，学生对知识的接受过程由被动转为了主动，实则加大了学生的学习难度，非常考验学生自主学习的能力；另一方面，同学间的合作学习也是自主学习能力的体现，在没有老师的组织下，同学之间如何沟通、如何合作都是对学生自主学习能力和综合素质的考验。

二、体育翻转课堂导案的设计研究

（一）体育翻转课堂导案的设计原则

体育翻转课堂导案的制作原则应建立在体育教学原则的基础上，而体育翻转课堂的导案主要针对的是课前自学阶段，不是所有的体育教学原则都适用于课前阶段，一些原则例如合理安排运动负荷原则主要是针对课上练习而言的，所以作为整个教学过程的一个阶段不能全体照搬体育教学原则，另外翻转课堂作为一种新型的教学模式，注重能力培养和运动兴趣的特点也决定了导案的制作原则应包含这些优势。体育翻转课堂导案的设计原则包括：直观性原则、发展性原则和生动性原则。

1. 直观性原则

（1）直观性原则的内涵。体育教学中技术动作的掌握需要通过反复的身体练习，区别于其他学科的讲解，体育教学中教师需要对技术动作进行示范，所以体育教学中的直观性对教学效果极为重要。体育翻转课堂导案的直观性主要体现在两个方面：首先，与传统课堂教师在课上的示范讲解相比，导案中技术动作的示范和讲解要更加直观、更加清晰、更加完善，可以合理使用角度特写、慢放暂停等技术实现导案的直观性；其次，导案中的动作示范要选择更加直观有效的载体，合理组合微视频、图片和文字，使导案中的示范更加直观有效。

（2）直观性原则的依据。示范能使学生对动作产生动作表象，有利于后期的练习，直观的示范能使学生在大脑中建立清晰的技术动作表象，加速对动作重难点的理解和正确动作的掌握。在传统课堂上因为某些运动项目中的技术动作教师无法做到完整的示范，学生无法进行清晰的观看，所以学生在建立技术动作表象时容易产生误区，尤其是对于年龄偏低的学生，对动作的练习和掌握极为不利。

例如游泳教学，完整的技术动作都是在水下完成，教师只能根据动作的要点在岸上模拟示范，学生无法有效建立技术动作表象，在练习时就会出现各种各样的错误动作，降低了学习效率，影响了教学效果。而翻转课堂的导案能有效解决这个问题，通过导案中的水下示范视频和技术动图，学生就能根据完整的动作示范建立正确清晰的技术动作表象，为课上的练习打好基础。

2. 发展性原则

（1）发展性原则的内涵。发展性分为以下三点。

①针对全体学生的发展，要避免只培养少数优秀学生而忽略了其他学生的发展，也不要矫枉过正，使优秀学生原地踏步，要保证每个学生都能通过教学活动提升自身的现有水平。

②知识技能、多项能力、运动兴趣三个方面的发展。传统课堂基本只是关注学生对知识技能的掌握情况而忽略了其他方面的发展，翻转课堂在注重知识技能掌握的基础上，更加注重对学生多项能力和运动兴趣的发展。知识技能的掌握是教学的基本要求，也是其他

方面发展的前提基础，所以要求翻转课堂导案能有效促进学生的知识技能掌握，并在此基础上学以致用，运用于实践。培养学生的多项能力可以在导案中运用小组合作、师生探讨、查找资料等方法，能有效提高学生的自主学习能力，所以要求翻转课堂导案中要有问题引导的部分，能引导学生思考，推动学生进步。对体育兴趣的培养，一方面，是为了提高学生的学习积极性和学习效率；另一方面，是为了培养学生运动参与的习惯，传递终身体育的理念。

③发展要建立在学生通过努力就会有收获的基础之上，也就是指学生的最近发展区。

（2）发展性原则的依据。发展性教学理念中提到的最近发展区和使班上所有学生（包括差生）都得到发展，对体育翻转课堂导案的发展性原则有直接指导意义。由于每个学生的学习能力和生活环境不尽相同，使得学生具有个体差异性，学生的个体差异性要求翻转课堂导案的设计要有层次性和针对性，能面向不同水平的学生，使每个学生都能在其原有基础上得到发展。

3. 生动性原则

（1）生动性原则的内涵。在教学活动中，教师生动传神的讲解能吸引学生的注意，热情饱满的态度能获得学生的好感，教师的精神状态和个人魅力影响着学生的学习态度和心理情感。尤其是对于翻转课堂而言，学生在课前的自学环节得不到教师的监督、缺少与教师的互动，学生容易自我放松或产生抵触情绪，尤其是年龄偏低的学生，更容易对学习效果产生影响。所以翻转课堂导案要在保证内容准确完整的基础上着重凸显出生动趣味性，避免背书式讲解对学生造成负面影响。

翻转课堂导案的生动性主要通过以下三个方面体现：

①微视频中示范教师的精神状态和讲解技巧，良好的精神状态和标准的动作示范能激发学生想要模仿想要学习的热情，而生动的讲解和幽默的谈吐更能吸引学生的注意。

②导案的整体风格、画面的视觉效果、字体的运用、背景音乐的选择都会对学生的学习兴趣产生影响。

③在导案中添加一些可供学生欣赏的比赛视频或者资料，种类要丰富多样，尽量满足不同学生的需求，对提升学生的学习兴趣非常有助益。

（2）生动性原则的依据。树立终身体育的理念，就要在学校体育中使学生学会运动、运用技能、更要爱上运动，对运动产生兴趣和认同才会在今后的工作生活中坚持下去，所以在教学中培养学生的运动兴趣非常重要。翻转课堂教学模式对于学生的技能掌握有积极作用，在此基础上更要强调导案的生动性，激发学生的学习兴趣，培养学生的运动兴趣，不仅使学生学习技术动作变得事半功倍，更能使学生养成运动参与的习惯，间接贯彻了终身体育的理念。

（二）体育翻转课堂导案的设计目标

1. 体育翻转课堂导案的目标构成

（1）班级教学目标。班级教学目标主要体现知识与技能目标。因为翻转课堂教学模式要求学生在课前阶段通过观看导案来学习新知识和新技能，导案中的技术动作是每个学生都要观看、学习和掌握的，所以学习和掌握知识技能是班级教学目标最主要的部分。此外也要兼顾过程方法目标与情感态度目标，在知识与技能的讲解过程中，要不断引导和启发学生思考，培养学生发现问题、思考问题、解决问题的能力，在学习知识和技能的基础上能够独立思考、举一反三。由于运用导案比较依赖学生的自律性，导致一些学生在学习的过程中会走神、厌烦，所以在讲解知识技能时不能一味说教，要通过鼓励学生、树立榜样等方式端正学生的学习态度、运用多种方式提高学生的学习兴趣，从而提升学生对导案的价值认同，达到更好的教学效果。

班级教学目标是导案中最基本的教学目标，它面向全体学生，所以在班级目标里要协调好知识技能目标、过程方法目标和情感态度目标的关系，在掌握知识技能的基础上兼顾学生学习能力的培养和运动兴趣的培养。

（2）小组教学目标。小组教学目标主要体现过程与方法目标。在观看学习新知识和技术动作的基础上，在导案中提出一些不同层次和水平的问题引导学生思考，每个小组根据自身的实际水平选择问题进行小组内交流，小组内通过互动、交流、合作、探讨、借鉴等形式可以提升学生的自主学习能力和合作学习能力。小组合作学习还能增强学生间的友谊，培养共同的体育爱好，对提升学生的学习兴趣和运动兴趣具有积极意义，能够达到相互促进、相互影响的效果，这也是情感态度目标的体现。

（3）个人教学目标。个人教学目标是情感态度与价值目标的重要体现。个人教学目标是在小组教学目标的基础上对尊重学生个体差异更进一步的表现，这就要求教师非常了解学生的基础上才能设计和提供相应的资源。在学生观看学习新知识和新技能之后，导案中还可以加入一些相关的参考资料，例如理论知识、动作技能、训练方法、比赛视频等，学生可以根据自己的实际需求和喜好选择相关内容进行学习，能够提高自身的知识储备和运动技能。这种针对每个学生的教学目标能让学生感受到自身的存在感，可以激发学生的学习兴趣，可以使每个学生在自身原有水平的基础上得到最大限度的发展。

2. 体育翻转课堂导案的目标制订依据

（1）体育翻转课堂导案的目标制订应当遵循体育教学目标制订的四个基本原则，这

体育教学方法改革与创新研究

些原则包括：系统性原则、主体性原则、层次性原则和具体性原则。

系统性原则在宏观上强调把教学目标作为教育的一个要素，在设计时要运用系统的方法综合考虑教育教学的其他因素，在微观上要理解和把握课程目标到课时目标逐级之间的关系，从而能够正确合理地制订教学目标。

主体性原则强调在教学活动中要以学生为中心，由师本位向生本位转变，使学生成为教学活动的主体，教师转变为教学活动的引导者。

层次性原则是在主体性原则的基础上生本位的进一步体现，由于每个学生的学习能力和知识结构都不尽相同，所以教学目标的设计要考虑到学生的个体差异性，最大限度地使每个学生都能得到发展和进步。

具体性原则强调在表述时要明确具体，如果教学目标表述模糊不清，学生就无法明确学习方向，势必会影响课堂质量和教学效果。

（2）体育翻转课堂导案的目标制订应当体现三个维度，这三个维度分别是：知识与技能目标、过程与方法目标、情感态度与价值目标。由于翻转课堂突出学生主体性的特点，在制作导案时不仅要制订班级教学目标，还要制订小组教学目标甚至是个人教学目标。不同层级的目标不同程度影响着三个目标维度，按照影响程度总体呈现为班级目标体现知识与技能、小组目标体现过程与方法、个人目标体现情感态度与价值，所以要根据具体教学的需要合理制订和侧重三维目标。

（三）体育翻转课堂导案的设计要素

微视频、图片和文字是构成导案的载体，其中以微视频为主，辅之以一些讲解技术动作的图片、文字共同构成了导案的第一要素（下面统称教学资料），它的功能主要是帮助学生提前了解、学习、掌握技术动作和知识点，主要针对的是技能掌握目标，是最基础的部分。导案还需要另外的组成要素以完成过程方法目标和情感态度目标。

在学生的整个课前自主学习过程中，为了使学生能够明确目标、抓住重点，在导案中还应该包括自主学习任务单，任务单一般以文字的形式提出，不仅可以帮助学生在观看视频的过程中抓住重点，提高学习效率，还能引导学生交流和思考，提高思维能力和解决问题的能力。

在教学资料和任务单后，导案还应加入一些与本节课教学内容相关的参考资料和视频资源（下面统称为拓展资料），可以是理论知识的延伸、技术动作的实战运用、不同的训练方法、比赛视频等，学生可以在完成任务后自主选择观看和学习，可以增加学生的知识储备，还能激发学生的学习兴趣，是实现情感态度与价值目标的重要手段。综上所述，一份完整的导案应该由三要素组成，分别是教学资料、自主学习任务单和拓展资料。

1.教学资料要素——针对知识技能掌握

严格来说教学资料不只含有微视频，还包括一些讲解技术动作的图片文字，但是主要是以微视频的讲解示范为主，所以在下述中就对微视频展开分析。在20世纪翻转课堂刚刚萌芽的时期，由于网络技术还不发达、信息设备还不完善、视频资源数量稀缺等限制因素制约了翻转课堂的发展。随着21世纪信息化时代的到来，视频资源稀缺的问题得以解决，这已经不再是制约翻转课堂发展的因素。但同时发达的网络造成了线上的视频资源各式各样、良莠不齐，如何能从中找到适合有效的视频成了新的难题。与网络视频相比，教师自己录制的微视频其实更加适合教学，因为教师自己录制的视频能结合本班学生的实际情况把控重点和难点，学生也会感到更亲切；另外，教师自己录制的视频与课上练习有更好的连续性，使整个翻转课堂层次感分明。

（1）微视频的录制原则分析。

①视频内容要准确完整、简明扼要。根据体育学科的特点，一般以一个知识点或者一个技术动作录制一个微视频为好。微视频先要保证内容的准确和完整，对于动作的示范要做到清楚规范、准确到位，动作示范时要配合讲解，强调每一个环节的重点和难点，整个视频过程要有逻辑层次感，便于学生思维的递进，复习时也容易自由调换进度。在内容准确完整的基础上还要注意视频的时间，也就是要注意内容的选取和讲解示范时要简明扼要，没有内容的重叠和讲解的重叠，如果学生没有及时掌握，可以调换进度反复观看，对于学得快的学生就可以节省时间完成别的任务。

②在微视频中，教师的语言要条理清晰、富有逻辑。在视频录制的过程中，要保证声音适中，避免外界环境比如风声、嘈杂声对讲解声音的影响，可以适当选择添加背景音乐烘托气氛，营造良好的学习环境。教师在讲解时要尽可能使用普通话，要使用专业的学术名词和规范的学术用语，值得注意的是，微视频在终端面向的是每一个独立的学生，所以在人称代词上要使用"你"而不是"你们"，营造一种教师与学生一对一、面对面交流的感觉。教师还要避免背书式讲解，适当运用形象生动的比喻和诙谐幽默的语言更能体现教师的水平和微视频的质量。

③视频画面要清晰稳定、多种角度。要合理布局画面中的人物和背景，人物比例要适中，示范能成像清晰，背景要简洁明快，注意与字幕颜色的搭配，保证字幕的清晰，也要避免色彩太多而喧宾夺主。字幕的大小要适中，对于关键词可以使用不同颜色或者符号标记提示学生注意。录制时要保证画面的稳定，不要上下抖动，要合理采用多角度的画面全方位展示示范动作，对于技术动作中不易观察的地方要善于运用特写镜头，使学生能看到

动作的完整过程。

④教师穿着要得体，形象要阳光，情感要充沛。对于体育学科，教师在录制视频时要穿运动服、运动鞋。形象要积极阳光，给学生想要学习和模仿的欲望。讲解时语言要富有情感，表现出对职业的热爱和对学生的尊重。要拉近和学生的距离，激发学生的学习热情。

（2）微视频的录制流程分析。微视频的录制流程一般包括前期准备、录制、后期加工三个阶段。

前期准备阶段中，教师在宏观层面要深刻解读课程标准和教学大纲的要求，在此基础上熟悉本节课的教学内容，明确本节课的教学任务，根据教学内容合理选择所要录制的技术动作，对所选择的动作要做到熟练运用和示范标准，配合讲解的语言要提前定稿记牢，拍摄的场地和背景要提前选定，还要拟定好录制动作时的镜头角度和特写镜头。

录制阶段要注意教师的仪表穿着，注意声音清晰洪亮，避免外界环境的影响。

后期加工阶段包括添加字幕、图片和文字等，如果视频的原声不理想，可以后期进行配音。

2. 自主学习任务单要素——针对多项能力训练

自主学习任务单是导案的重要组成部分，是为了帮助学生在课前阶段观看学习教学资料的过程中能够明确学习任务和重点难点，引导学生的学习方向，启发学生思考，使学生能够更好地完成课前自学任务，以达到翻转课堂的教学效果。

在传统课堂教学模式下虽然教师也会布置预习任务，但是这种任务是非常泛泛的，最多告诉学生从第几页看到第几页，哪几条是重点，对于体育学科而言有时甚至没有教材，只能告诉学生查一些什么资料或者做一些什么练习，没有明确的目标和及时的指导导致这种预习收效甚微。而在翻转课堂教学模式下，导案中自主学习任务单和教学资料是相辅相成的，任务单是教师根据教学资料的内容设计制订的，同理，学生也是针对任务单中的问题去观看学习教学资料。它的优势在于能使学生带着问题去观看教学资料，明确其中的重点和难点；引导学生对资料内容进行思考和交流，能强化学生对知识的记忆，更能培养学生的思维能力和解决问题的能力；教师还能通过学生对任务单的完成度及时了解和掌握学生的学习情况，为课上的练习和纠正提供参考依据。

（1）自主学习任务单的制作原则分析。

①内容简洁、清楚、明确。任务单是学生观看学习教学资料的辅助，并不是阐述教学内容，只是起到指示和引导的作用，所以任务内容一定要直扣主题，切莫展开叙述。最好是按照列表、分点的方式使学生一目了然，避免学生对教学资料产生抵触情绪。

②以培养思维意识和学习能力为核心。任务单能提升学生学习教学资料的效率，能给

教师及时的学习反馈，但其最重要的作用是引导学生思考，培养学生的思维能力和学习能力。所以在设计任务单的时候教师要以问题设计为导向，关注学生发散性思维的培养。

③任务难度要多层次划分。教师在设计制订任务单时要考虑到学生的差异性，针对不同水平的学生设计相对应的任务，保证每个学生都能参与，都能得到锻炼。在任务的难度设计上还要符合最近发展区原则，任务难度要适中，难度太小则对学生的思维能力起不到应有的锻炼效果，而难度太大会导致学生退缩放弃，所以任务难度最好设置到学生努力伸手踮脚就能够到的位置，能够激发学生的探索欲望，又不至于让学生望而生畏。

（2）自主学习任务单的内容组成。自主学习任务单一般包括基础知识部分和探索思考部分。

基础知识部分主要是针对教学资料中的知识点和技术动作而设置的，可以包括动作名称、学习目标以及技术动作的重点和难点，基础知识部分的作用是为了学生能够有效学习教学资料、更快掌握知识点和技术动作。

探索思考部分是在学生看完教学资料并有一定基础之后设置的一些思考问题以及解决这些问题推荐使用的方法，设置的问题要重点体现思维能力和学习能力的培养，可以要求学生思考本次学习的遗留问题，可以要求学生总结本次学习的学习心得，可以要求学生分析所学动作的生物力学原理，也可以要求学生根据所学动作举一反三地去寻找类似动作，还可以要求学生探索所学动作在实战中的演变等。

总之，自主学习任务单的设计非常灵活，对教师把握重点和引导学生思考的能力要求很高。

3.拓展资料要素——针对运动兴趣培养

拓展资料是在教学资料和自主学习任务单任务之后，供学生自主选择观看的一些与本节课相关的视频资源和文字资料。在传统教学模式下，教师一般只是针对技术动作本身进行讲解，强调学生的掌握程度而不是实践运用，这样导致学生在课堂上学到的技术动作在实战中运用不出来，使得学生学会了知识却不会用知识，掌握了技能在实战中却不会用技能，对学生的学习热情和技术动作的实践运用都非常不利。而在翻转课堂教学模式下，导案中的拓展资料可以是理论知识的延伸、动作技能的实战运用、多种不同的训练方法等，目的是为了巩固所学知识、增加学生的知识储备量、引导学生学以致用、激发学生的学习兴趣。所以拓展资料要体现出相关性、拓展性与多样性原则。

相关性是指拓展资料要与本节课的教学内容息息相关，学生在完成学习任务后，拓展资料能对所学知识起到复习巩固的作用；拓展性是指拓展资料是对所学知识和技术动作的拓展和延伸，最好是与实践实战的衔接运用，使学生能够了解所学知识和技术动作在实践中是怎样变化和运用的，能开阔学生的眼界，增加学生的知识储备；多样性是指拓展资料是学生根据自身兴趣爱好与实际需求自主选择观看和学习的，没有强制的数量规定，所以拓展资料一定要多样多元，能满足不同层次和不同特点学生的需求。

（四）体育翻转课堂导案的设计形式

体育翻转课堂导案的环节包括学生学习教学资料的学习环节、解决任务单问题的思考环节、参阅拓展资料的拓展环节。导案中三个环节的顺序不是一成不变的，思考环节可以放到学习环节之前，也可以放到其后，有时候也可以插入到学习环节之中，不同的组合有其各自的优势，能产生各自的效果，通过归纳总结，大致可以分为三种组合形式：导入式、问题插入式和课后思考式。需要注意的是，即使是这三种形式也不是泾渭分明，具体采用什么形式要根据课程标准、教学大纲和学生的身心特点合理选择。

1. 导入式——注重引导

体育翻转课堂导案的导入式一般分为问题导入式和情境导入式。

问题导入式是把自主学习任务单放到教学资料之前，学生先进行思考环节再进行学习环节，带着问题去观看教学资料。问题导入式的优势在于能给学生指明一个清晰的学习方向，学生能准确把握教学中的重、难点，能有效提高学生观看教学资料的效率。

情境导入式是把拓展资料中一些关于实战的视频或者图片放到教学资料之前，有了关于实战运用的基础再去学习动作，能极大促进所学动作与实战运用的联系。情境导入式的优势在于能立刻吸引学生的注意力，激发学生的学习兴趣，同时能提前给学生建立一个大致的实战动作表象，对技术动作的实战运用非常有益。

2. 问题插入式——注重专注

问题插入式是把自主学习任务单放到教学资料之中，将思考环节放到学习环节中同时进行，类似于传统课堂上教师的课堂提问，可以是由微视频中的教师提出任务单中的问题，附带字幕提示；如果教学内容较多或者比较复杂，建议将教学内容分为多个微视频，在两个微视频之间插入文字形式的任务单，避免一个长的视频从头讲到尾，保证学生注意力的集中。制作多个微视频要注意在录制视频前提前规划，不要在后期剪辑时破坏视频讲解的流畅性和完整性。问题插入式的优势在于能使学生紧跟教师的讲解，保持高度的专注和活跃的思维，对教学资料内容的前后逻辑和因果关系能把握准确。

3. 课后思考式——注重固基

课后思考式是传统课堂常用的形式，类似于课后思考题，是把自主学习任务单放到教学资料之后，所谓学而不思则罔，学而后思，是其他形式的基础，永远也不会被淘汰。课后思考式的优势在于学后的思考既是对知识的巩固，又是对知识的升华，尤其是对于翻转课堂而言，学生可以自主选择观看教学资料的次数，把思考环节放到学习环节之后对学生巩固基础非常有益。

（五）体育翻转课堂导案的设计内容

1. 体育翻转课堂导案的内容选择

近年来，随着翻转课堂的升温，越来越多的学科开始运用翻转课堂进行教学实践。例如语文翻转课堂，可以利用课前导案的学习使学生提前熟悉课文、背诵诗词，对学生打牢文学根基非常有效；数学翻转课堂，利用导案着重讲解概念公式的推导和个别难题例题的运算，可以解决数学课错题分散化和个别化的问题，节省下的课堂时间可以讲解共性的问题；英语翻转课堂，利用导案练习听说是最好的方法；计算机翻转课堂，更是将视频教学发挥得淋漓尽致，因为传统课堂上教师也是通过电脑操作示范，学生通过观看进行学习，录屏完全可以取代课上的电脑操作示范，课上教师只需根据学生的问题进行纠正即可。

当前，翻转课堂在体育课教学尝试与应用越来越多，这是符合新时代教育发展的大趋势的，是教学改革的进步。但是对于体育翻转课堂而言，选择什么教学内容运用到翻转课堂才能体现出其真正的优势，这是值得探讨的。因为翻转课堂作为一种教学模式，并非无所不能，并不适用于所有的教学内容，尤其对于体育这门实践性强的学科来说，本体感受非常重要，因此对教学内容的选择和甄别就显得尤为重要。而对于教学内容的选择应从两点出发：一是提前学习导案要比课上边学边练有优势；二是只有提前学习导案才能保证课上学生的练习时间和运动负荷。两个要点中第一点是针对导案本身，第二点是根据运用导案对课上的影响，这两点都是针对技能掌握目标而言的，也只有在技能掌握的基础上才能实现过程方法目标和情感态度目标，所以这两点才是是否选择运用体育翻转课堂的关键。

（1）建立正确清晰的技术动作表象。在传统教学模式下，教师在课上的示范由于诸多因素的限制，有时并不能使学生建立起正确清晰的技术动作表象，例如游泳项目的水下示范动作难以观测，有些项目的腾空动作不能放慢等，学生在练习时就会出现各种各样的问题，影响教学进度，也会打击学生的学习热情。体育翻转课堂区别于其他学科和其他教学模式的独特优势就是能够通过导案建立起正确清晰的技术动作表象，因为导案中微视频的多角度特写、慢动作示范、暂停等功能可以解决课上示范出现的上述问题。所以是否需要运用翻转课堂，是否需要制作与运用导案教学，就取决于传统课堂能否建立正确清晰的技术动作表象。

（2）保证课上的练习时间和运动负荷。学生体质连续下降是目前学校体育亟须解决的问题，而且"健康第一"的指导思想也要求学校不仅要保证学生的体育课，还要保证学生在体育课上有足够的练习时间和运动负荷。而在有限的课堂时间内，有些较复杂的技术动作、与战术结合的技术动作、与生物力学等理论联系较多的技术动作可能就需要占据大半节课的讲解，学生的练习时间被挤压，运动负荷就达不到要求。对于上述的问题，就可以采用翻转课堂教学模式，通过课前阶段学习导案节省的讲解时间，学生就可以在课上进行大量练习，能够充分保证学生的练习时间和运动负荷。

2. 体育翻转课堂导案的内容侧重

对于导案内容的选择主要是从技能掌握目标这一角度出发，包括建立正确清晰的技术动作表象和保证课上的练习时间与运动负荷。而在确定了导案内容后，在具体制作导案时还要对导案内容进行侧重，导案的内容侧重其实是对导案内容所体现的知识技能、过程方法和情感态度三个目标维度的侧重，主要是根据课程标准和教学大纲的要求以及学生的身心特点决定的。由于不同学段的学生身心特点不同、发展侧重不同、课程标准和教学大纲的要求也不同，导案内容所体现的三维目标的比重也应相应调整。

例如，根据课程标准和教学大纲的要求，如果比较注重培养运动兴趣，养成运动参与的习惯，那么导案内容就应该侧重情感态度目标，注重导案的生动性和趣味性，在导案的画面、字幕、背景音乐等就要努力吸引学生的注意，激发学生的学习热情；如果是为了培养学生的思维能力，导案内容就应该侧重过程方法目标，例如在团队配合和战术的教学导案中，就可以突出自主学习任务单的功能；如果课程标准和教学大纲主要是以技能掌握为主，期末考试技能考评比重较大的情况下导案内容就应该侧重知识技能目标，可以对导案中视频和文字的配比进行调整，增加动图和讲解文字，可以使学生更直观地学习技术动作。根据学生的具体情况，如果班级整体的学习能力和运动水平较高，导案内容可以侧重过程与方法目标；相反，如果班级整体水平不高，重点就要放在知识与技能目标上。

（1）根据课程标准和教学大纲的要求。教师应先对课程标准进行充分的解读，各学段都有其相应的课程标准，在此基础上教师应根据教学大纲的要求、项目特点和具体的技术动作对想要促进学生发展目标的三个维度进行侧重，从而合理搭配组合导案内的三个环节。

（2）结合学生的身心特点。这里所说的学生的身心特点主要是指所教授班级学生的具体情况，包括学生的学段年级、身体素质、学习能力、现有水平等。具体来讲，教师先要参考儿童或青少年生理及心理的一般发育特点，在此基础上熟悉班级人员的具体情况，对导案内容所要体现的目标的三个维度进行侧重。

（六）体育翻转课堂导案的设计制作与运用流程

1. 体育翻转课堂导案的制作流程构建

根据关于对体育翻转课堂导案的原则、导案的目标、导案的要素、导案的形式和导案的内容的研究，基本可以构建一套导案的制作流程。

（1）教师要根据教学内容选择是否需要运用导案进行教学，选择的依据是传统课堂能否建立正确清晰的技术动作表象和能否保证学生的运动负荷。

（2）在确定需要运用导案教学之后，依据体育翻转课堂导案的原则和目标开始制作导案。

（3）制作导案时，要根据课程标准、教学大纲以及学生身心特点的要求对导案内的三维目标进行侧重。

（4）根据三维目标的侧重合理分配三要素即教学资料、自主学习任务单、拓展资料的比重。

（5）根据三要素的比重对相应的学习环节、思考环节、拓展环节进行优化组合，最终完成导案的制作。

教师在制作导案时应严格按照体育翻转课堂导案的设计流程进行操作，这也是对体育翻转课堂导案的制作过程评价的参考依据。

2. 体育翻转课堂导案的运用流程构建

根据体育翻转课堂导案的制作流程，结合体育翻转课堂导案的相关理论，基本可以构建一套体育翻转课堂导案的运用流程。具体来讲，判断是否适合运用导案分为内部条件和外部条件：内部条件是体育翻转课堂导案的内容选择，即能否建立正确清晰的技术动作表象和能否保证课上的练习时间和运动负荷；外部条件是课前阶段运用导案的前提条件，即学校课程的整体规划、教师制作导案的能力和学生学习导案的能力。在确定运用导案后就按照体育翻转课堂导案的制作流程开始制作导案，完成导案后，要确保导案能成为课上练习的引导和课后总结的依据，使导案成为开展体育翻转课堂的基础，保证体育翻转课堂的教学效果。

（七）体育翻转课堂导案的设计评价标准

导案制作与运用的水平直接影响着翻转课堂的教学效果，所以对导案的质量进行评价非常有必要。体育翻转课堂导案的评价标准包括导案的制作过程评价和导案的运用效果评价：制作过程评价是对导案制作本身的评价，包括内容是否完整正确、示范是否规范标准、重点是否突出等；运用效果评价是指教师运用导案对教学效果影响程度的评价，包括课前阶段导案与课上课后的连续性和层次性，以及导案内容对学生学习的帮助，等等。

1. 导案的制作过程评价分析

体育翻转课堂导案的制作过程评价即是检验教师在导案制作的过程中每个环节和步骤是否按照要求操作，是否符合导案制作的一般流程。根据上述关于对体育翻转课堂导案的原则、导案的目标、导案的要素、导案的形式和导案的内容，以及构建的体育翻转课堂导案的制作流程就可对导案进行制作过程评价。

2. 导案的运用效果评价分析

体育翻转课堂导案的运用效果评价分为以下两个方面。

（1）考察导案对学生的知识技能、过程方法和情感态度的帮助程度。知识与技能评价比较直观和量化，根据全班学生的练习和考试成绩就能得出结论；过程与方法评价需要对导案中自主学习任务单的设计进行考评，也可以对自主学习任务单的完成情况和小组合作讨论情况进行考察；情感态度与价值评价可以使用问卷调查，考察导案对学生运动参与以及运动兴趣的影响情况。需要注意的是，根据课程标准、教学大纲以及学生的身心特点在制作导案时会对目标的三个维度有一定的侧重，所以在评价导案时也应根据导案的侧重相应调节各环节评价的比重。

（2）考察导案与课上、课后的连续性，导案作为开展翻转课堂的基础，是课上学习的引导，也是课后总结的依据，如果失去了与课上课后的联系，导案难免就成了独立的慕课，也就脱离了"导"的本意。

第七章 体育教学方法的创新理论研究

第一节 基于创新教育理念的体育教学方法探析

一、创新教育理念

（一）创新及其相关概念

1. 创新

"创新"是一种能实现一定经济或社会目的的，新的技术、经验或思想的产出和获得活动。创新既包括前所未有的创造，也包括对原有知识的重新组合和对其使用价值的重新发现。

从本质上讲，创新是一种趋势，事物的运动及其变化的趋势；是一种准备性、探索性、典型性的活动；是发现问题、解决问题的追求的过程。从内容上看，创新强调的是创造的某种实现，是创造的过程和目的性的结果；是一种联系，新与旧、简单与复杂的联系，是一种不断破坏旧的，创造新的过程；创新更注重经济性、社会性。从研究对象上看，创新主要涉及经济领域、管理领域、心理学和思维领域、教育领域及其他领域。

创新的基本性质表现在多个方面：①创新的社会性，即任何人都不能脱离社会而存在，创新受社会的制约，同时，创新又推动了社会的发展，创新的频率、强度和速度决定了社会发展的水平和进步的程度；②创新的能动性，即创新对客观世界强大的推动力，创新的推动力对个人、企业、各个领域、行业乃至整个民族、国家都强烈地表现其能动的属性；③创新的特殊性，即创新表现为一种积极进取、标新立异；④创新的继承性，即人类的创新就是不断继承、不断批判、不断发展的一个历史过程，也就是创新—陈旧—再创新的过程。

2. 创新与创造

在过去的工作和学习中，在涉及创新之类的事情时，使用的词语是创造，只有厘清创造的含义，才能够更好地理解创新，并在此基础上发现和总结出创新的理论与经验。

创造有广义和狭义之分：广义的创造不仅包括这些具有社会价值的创造，也包括个人第一次做出了以前不能做出或不知道的事物；狭义的创造是指生产出人类历史上不曾有过的独一无二的新事物。

将"创新"与"创造"相比后，可以得出以下结论。

第一，创新和创造在汉语中虽然早已存在，但以前运用更多的是创造，创新是随着新技术革命和知识经济的出现而引起人们高度重视的。由于创新作为一个专有名词是经济学家提出的，所以，在最初运用时，比较强调创新的经济目的和实用性，是科学上的发明创新成果的应用行为。

第二，广义的创新与创造没有什么大的区别，在本质上是一致的，都是强调最先做出或想出新事物或产品。

第三，教育教学中运用的创新与创造都是广义的，其实质是一样的。对于学生来说，做出具有社会价值的创造是很难的，更多的是具有个人价值的创新或创造。正因为如此，有时就用"创新性"和"创造性"这两个词来描述学生的创新行为。我们现在研究创新能力的培养，其实质是在致力于学生的创新性品质或创新素质的培养，为以后成为创新型人才打下基础。

第四，由于我们强调创新与创造在教育领域的一致性，所以，以前有关创造和创造性品质培养方面的探索与研究成果都是我们今天研究与实施创新教育的宝贵材料和经验。

3. 创新与创造性

按照心理学的理论，具有社会价值的创造性叫作"特殊才能的创造性"，而具有个人价值的创造性叫作"自我实现的创造性"，前者多表现在科学家、发明家、艺术家等能给社会带来新价值的人的身上，而后者是人人都有的一种探索新现象、做出新事物、增进新能力的品质。自我实现的创造性向某一专门领域的发展深化可以转化为特殊才能的创造性。

在教育教学中，学生的创造性与创新性是一致的，没有必要再进行区分。所以，与创新和创新性相关的创造思维、创造想象、创造性人格、创新思维、创新想象、创新人才等概念，我们都当作相同的概念来对待和使用。

创造思维与创新思维是人们在进行创造性活动与创新性活动时所进行的思维活动，是一种对已知信息进行加工获得崭新结论的思维，是相对于固定模式和思路而言的一种高度灵活、新颖独特的思维方式。创造性思维，也叫"创造思维""创新思维"，它的结果是得到创造性的结论。

创造想象与创新想象是相对再造想象而言的一种想象。再造想象是根据语言或非语言的描绘，在头脑中形成相应的新形象的心理过程，而创造想象与创新想象是不依据现成的描述，而根据一定的目的和任务在头脑中独立创造出新形象的心理过程。再造想象对理解别人的经验是十分必要的。创造想象与创新想象则是从事创造性活动不可少的重要组成部分。新颖性、独立性是创造性想象与创新想象的本质特征。

创造性人格与创新人格就是倾向于表现出创造性行为或创新行为的人格。人格是个人相对稳定的比较重要的心理特征的总和，这些心理特征包括个人的能力、气质、兴趣、爱好和倾向性等。创造性人格与创新人格的主要特点就是喜欢创造创新、热爱创造创新、勇于创造创新、善于创造创新、习惯于创造创新，把创造或创新作为自己的人生追求和乐趣，能够坚持不懈地完成创造或创新活动。

创造性人格或创新人格的形成是多方面的影响的结果，但学校教育的培养在创新人格的形成中起着非常重要的作用。学校教育应将培养学生的创新人格作为一个重要目标。

4. 创新与发明

"发明"是创造出的新事物或新方法。一般认为，"发明"主要是指在科技领域中提出的新方法、新成果，强调的是新成果、新方法本身。创新与发明是有区别的。发明只是创新过程的一个部分，有了发明不等于有了创新。发明只是一种新设想或新物品，它还要申请专利，然后被企业家引入生产，产生新的经济效益，才成为创新。显然，创新是把发明引入生产系统，使发明运作到商业化应用并取得效益的过程。

（二）创新教育

1. 创新教育的概念阐释

从教育的价值取向上对"创新教育"进行定义，创新教育是以培养人的创新精神和创新能力为基本价值取向的教育。

从创新教育的属性上对"创新教育"进行定义，创新教育是以现代素质教育理论为指导，运用创新学理论，以培养学生创新意识、创新精神和创新能力为特征的综合性素质教育，创新教育是属于综合性素质教育的一种。

无论是从价值取向还是其属性上来定义创新教育，这两种对创新教育概念的阐述都可以归为一类，此类定义都认为，"创新教育"是以培养人的创新意识、创新精神、创新思维、创新能力、创造力或创新人格等创新素质为目标的，需要以现代素质教育理论来指导的一种教育活动。

传统教学观的教育思想是以继承为中心，教学过程是教师传授学生接受的过程。在传统教育中，学生需要做的是把书本中以及教师传授的知识灌输进大脑，然后再在试卷上将这些知识完整地反映出来，因此，传统教育的这种特性就带来了我国的科举制度。

随着人类社会向知识经济时代的迈进，科学技术的综合化、东西方文化的融合化以及社会和经济高速发展，全球竞争加剧等趋势越来越显著，人们越来越清楚地认识到应该从人类和社会的整体发展来考虑教育和人才培养问题，创新教育应时而生。创新教育特别强调学生应该有权利对于教师的讲授进行质疑、提问、发言、创新，并且努力为学生的这种权利营造一个宽松的氛围，并在此基础上提出了一系列关于教育、教学、教师、学生、人才以及学校的新理念，对教育教学方法、教育管理制度等进行了一些有效的改革，冲击了传统教育陈旧的教育观、教学观、师生观、人才观，直接引发了教育观念的创新。

因此，创新教育就是相对于传统教育而言，以培养人的创新精神和创新能力为基本价值取向，以提高人的创新素质，塑造现代创新人格，以培养创新型人才为主要目标的教育活动。

创新教育的内涵包括以下方面。

首先，开展创新教育必须对传统的守成教育进行变革和创新。我国几千年的教育传统是以传授知识，以接受和守成为主要特征。要搞好创新教育，就要有一种敢于打破先例的创新精神，根据时代的呼唤和创新人才培养的要求，对现有教育制度、教育内容、教育教学方式等进行改革与创新。只有科学有效的教育创新，才能创造出高水平的创新教育。

其次，我国现代创新教育是以培养人的创新精神和创新能力为重点的教育，这不仅是因为国家领导人强调了创新精神和创新能力，更为主要的原因是现代发展需要创新品质。创新精神表现在生活和工作中，就是想创新、敢创新，创新能力就是会创新、能创新，它们是创新素质中最重要、最可贵，也是我们目前最需要的品质。

最后，创新教育旨在培养和提高人的创新素质，塑造创新人格，培育创新型人才。"创新素质"是指引发并维持人的创新行为的内在心理品质，主要包括：创新欲望、创新动机、创新意识、创新勇气、创造性思维、创造性想象、坚强的创新意识、创造技能和实际操作能力等。"创新人格"则是创新素质和其他必备个性品质相结合的整体表现。而"创新性人才"是对具有创新性人格的人做出一定的具有社会价值的创新业绩之后的尊称。学生阶段创新教育的主要任务是提高学生的创新素质，塑造创新人格，为他们成为创新人才打下良好的基础。高等教育和继续教育中的创新教育，则应在强化创新人格的基础上，努力培养创新型人才。

提高学生某些方面的创新素质、塑造创新型人格和培育造就创新型人才是不同层次的创新教育。提高学生某一方面或某几方面的创新素质的教育称为创新教育的初级水平。在这一水平上，培育措施比较具体，易于操作。塑造创新人格的教育可以称为创新教育的中级水平，这一水平的创新教育需要培育措施的整体优化和系统性的操作。培育造就创新型人才的教育可以称为高水平的创新教育，这一水平的创新教育需要产生一次由个人价值创新向社会价值创新的飞越。大批创新型人才的培养是创新教育的最终目的。高级水平的创新教育是以中级水平和初级水平的创新教育为基础的，开展创新教育应从提高最基本的创新素质入手，加强创新人格的培养。

2. 创新教育的关系辨析

（1）创新教育与创造教育。创新教育与创造教育仅有一字之差，我们在分析和理解创新教育时，有必要对创造教育进行阐释，把它与创新教育的联系与区别弄清楚，从而能够更好地理解创新教育。

①创新教育与创造教育的来源不同。创造教育诞生于 20 世纪 80 年代，是随着创造学的研究和创造力的开发而产生和发展起来的。最初，创造教育是创造学的一个组成部分，是运用创造学中的原理和规律来培养和开发人的创造力的学说，是创造学理论在教育领域里的运用。而创新教育与创造学的发展都没有什么直接联系。创新教育诞生于 21 世纪初，是中国教育界为了更好地提高中华民族的创新素质，满足国家对大量创新人才的需求而采取的一项综合性改革措施。它是教育的客观需求的直接反映，不同于创造教育经过了一个创造学的中间环节。

②创造教育与创新教育的含义有所不同。创造教育是指在学校教育中，贯彻提高学生创造力的原则，使学生形成创造性人格、创造性思维和创造性能力成为教育目标的教育思想、教育哲学和教育实践。显然，创造教育在本质上与素质教育是一致的。创造教育是较高层次的素质教育，它在人的普遍素质中单独提出创造性素质加以特殊强调，原因是创造性素质在现代和未来人才的各种素质中具有统御作用和最大的时代适宜性。能力结构的组成要素主要是：信息获取能力、自学能力、分析判断能力、语言表达能力、写作能力、组织协调能力、动手操作能力、社会交往与社会活动能力等。实际上，有多少实践活动就有多少种能力，而创造能力是能力结构的核心。

创造教育主要包括人格教育、兴趣教育、思维教育、发现教育、发明教育、信息教育、学习教育、艺术教育、未来教育和个性教育等方面。

创新教育是相对于传统教育而言，以培养人的创新精神和实践能力为基本价值取向，以培养创造型人才为主要目标的具有超越性、主体性等基本特征的教育活动。创新教育主要是针对我们面临的科技进步日新月异，信息技术更新周期缩短，知识经济的到来使得综合国力和国际竞争更加激烈，未来知识经济的挑战关键在于培养出大批具有知识创新和技术创新精神的人才的新时代和时代的特定特征而提出的。总的来说，创新教育比创造教育含义要更广、更深远。

③创造教育和创新教育的目的、内容和侧重点不同。创造教育主要侧重于创造思维的训练，创造技法的传授和开展小发明小创造等活动，而创新教育则在创造思维、创造活动

的基础上更侧重于创新环境的营造、创新精神和创新人格的教育。

创新是指人们创造性劳动及其价值的实现，在这一点上，创新和创造并无本质上的差别。但是，创新相对于创造可以说是一个更加广泛的概念，创造教育主要目的在于培养学生的创造性，出发点更多地停留在能力范畴内，而创新教育不仅提倡培养学生的创造性，还强调要培养学生的创新精神、创新思想以及创新意识，属于素质教育的高层次范畴。创造教育在实施过程中更多侧重在操作层面上，如动脑、动口、动手等，然而如果仅仅停留在这个层次，并不能培养出创新人才。

创新教育研究的重点是为了培养造就适应未来需要的创新型人才，必须有适应这种人才成长的良好环境，因此，要深入地开展创新教育，就要从不同方面、不同层面进行综合性的教育改革。

④创造教育和创新教育的操作方式不同。创造教育是单项操作，如开设思维训练课和创造发明等，而创新教育则在单项、多项措施操作的基础上，强调各项措施的整体效果，是一项整体性的系统工程。

⑤创造教育和创新教育对传统教育的改造程度不同。创造教育是在传统的价值观、体制和课程内容不变的前提下，增加一些创造力开发的内容或变动一下教学方法，而创新教育则要从基本的价值观、教育体制、管理制度、课程内容以及教学方法等各个方面对传统的守成性教育进行改造，如果说创造教育是通过局部的改良来提高学生的创造力的话，那么，创新教育就是要通过全方位的创新来塑造创新人格，培养一代创新型人才。

（2）创新教育与教育创新。创新教育与教育创新，二者有许多密切联系的地方，同时也有相区别的不同之处。

首先，从语法的角度来分析，创新教育，中心词是教育，而教育创新，其重点则在于创新，即教育的创新。

其次，从词义上来分析，教育创新具有教育改革的"破旧立新"功能，相对于教育改革来说更加强调与时俱进地开拓和首创，意味着当今时代的教育创新应当在思想理论、实践体系、内在品质等方面都取得更大、更深层次的突破与进展。也只有如此，有中国特色的社会主义素质教育理论和实践体系才能真正地建立起来。教育创新是教育的变革，是指一个国家和民族的教育在实施过程中，不断地创造、运用先进的思想、科学的方法、新颖的手段和技术，革除传统教育观念和模式中陈腐落后的东西，建立和形成具有生机和活力的教育运作机制和模式，实现教育的改造过程。教育创新，顾名思义，包括教育观念、教育思想、教育体制、教育方法等教育各层次、各方面的创新。而创新教育提出了一系列关于教育、人才、教学、教师、学生以及学校的新观念，冲击了旧的教育教学观、人才观和师生观，这就直接引发了教育观念、教育思想的创新。此外，创新教育强调培养学生发现问题、解决问题的能力，强调为学生的怀疑、提问、发言、创新营造一个宽松的氛围，倡导学术面前无权威，真理面前人人平等，在课程编制与实施、教育教学方法等方面形成了一系列有效的理论和措施，这些凝聚着古今中外优秀经验的科研成果在教育教学过程中的运用，能够加速教育方法等方面的创新。

因此，如果说相对于应试教育倾向提出的素质教育，可以被称为我国改革开放后第一次具有重大意义的教育创新，那么相对于守成教育特性提出的创新教育，则可以称为我国改革开放后具有深远历史意义的第二次教育创新。如果说这第一次教育创新确立了中国教育发展的正确方向，那么这第二次教育创新就能够使素质教育得到真正贯彻落实，并成为真正的"兴国教育"。创新教育必然导致教育创新，创新教育能够更好地推动教育创新；教育创新必须以创新教育为突破口，把创新教育作为教育的重点内容和努力方向。

（3）创新教育与素质教育。"素"指的是构成事物的基本成分，如"元素"。"质"原指质地，后引申为事物的根本特点，如"品质"。二者合在一起指人或事物在某些方面的本来特点和原有基础。"素质"一词本来是一个心理学概念，指人们先天的解剖生理特点，主要是神经系统、脑的特性以及感觉器官和运动器官的特点。这种特点是通过遗传获得的，所以也叫作遗传素质和禀赋。如果仅仅在这一层次上来理解素质，那么素质教育一说就不可能产生。因为素质既然完全是先天的特征，完全由遗传获得，那么教育这一外部力量没有必要也没有能力介入其中并对其发生作用，产生影响。较为全面地理解素质应是个体在先天禀赋基础上，通过环境和教育的影响所形成和发展起来的适应社会生存和发展的相对稳定的身心组织的要素结构及其质量水平。它既包括了可以开发的人才的身心潜能，又包含了社会发展的特质文明和精神文明成果在人的身心结构中的内化和积淀。

人与人之间的差别，主要是素质上的差别，具体表现在各种素质的有与无、多与少、强与弱，以及素质的整体结构四个方面。其中，素质的结构决定着一个人的思想、情感、能力和行为。培养人的素质就是帮助人通过自己的努力，使优良素质从无到有、从少到多、从弱到强，并形成一个最佳的素质结构的过程。

创新教育与素质教育既有联系又有区别，主要体现在以下方面。

①创新教育与素质教育的背景具有同源性。素质教育就是培养人的素质为宗旨的教育。教育原本就是培养人的社会实践活动，培养人的素质原本就是教育应有之义，事实上，古今中外教育的根本目的，无不是提高人的素质。实行素质教育本来就应该是教育的本义和宗旨，并不是一个新提出的概念。但是由于许多主客观复杂因素的影响使得我们的教育在取得重大成绩的同时也存在着"为应试而教"的倾向，从而影响了素质教育的全面实施

和高素质创新人才的培养。因此，人们在使用素质教育这一概念时，往往都是与"应试教育"一词相对而言的。

素质教育是针对"应试教育"而提出的，它是以升学考试为取向，不注重人的内在素质的培养的否定。素质教育从本质上说，就是以提高国民素质为目标的教育。从创新教育提出的背景来看，与素质教育是相同的，都是对现行教育的不满而提出的一种教育价值取向，从这个角度而言，创新教育与素质教育具有同源性。

②创新教育是素质教育对现时代的回应。素质教育在刚刚实施阶段主要是解决诸如学生课业负担过重、考试次数繁多和学校偏科等基础教育中面临的现实问题。可以说，素质教育是相对"应试教育"提出来的一种教育思想和理论，是在改革开放的大背景下，中国教育理论研究和教育改革实践探索的成果与结晶，是中国教育走向 21 世纪的旗帜和方向。

21 世纪，信息科技和知识经济的发展，将使一个国家的民族创新能力成为提高国际竞争力和综合国力的源泉和动力。培养具有创新精神、掌握创新技能的创新型人才，提高全民族的创新素质已成为各国关注的焦点。重视创新型人才的培养，成为世界教育改革的趋势，我国创新教育的提出正回应了知识经济时代对人才创新素质的要求，具有鲜明的时代性。

③创新教育是实施素质教育的核心任务。人的素质的多侧面性、动态性的特点决定了素质教育内容的丰富多彩和不断变化性。尽管如此，弘扬人的主体性，注重开发人的智慧潜能，注重形成人的精神力量始终是素质教育坚守的原则。依据主体性原则，素质教育不是把人看作物，而是把人看作人，注重学生潜能的开发，养成学生认知能力、发现能力、学习能力和创新能力等。其中，创新能力是人主体性最重要的体现，创新素质是一个人综合素质的核心。在学校中进行创新教育，激发学生的创新意识，培养学生的创新思维，形成学生的创新技能，塑造学生的创新人格，实际上就是实施主体教育思想，唤起学生的主体意识，发展学生的主动精神，形成学生的精神力量，促进学生生动活泼地成长。因此，创新教育是以素质教育为基础的，是对素质教育的具体落实，而创新素质的培养是实施素质教育的核心内容。

总之，创新教育与素质教育一样，都是对现行教育忽视人的多方面素质培养的一种否定，两者都使作为培养人的社会实践的教育，回归其本来面貌。就现代人的素质来说，创新是当今时代的最强音，创新素质是中国人最需要提高的素质，所以，以提高创新素质为目的的创新教育自然是素质教育，而且是素质教育的核心内容和实施重点。搞好创新教育就是在推进素质教育，欲推进和深化素质教育必须搞好创新教育。

3.创新教育的基本特征

（1）超越性。超越性是教育的本质特性。超越性之所以是教育的本质特性，在于超越是教育的存在方式，没有超越也就没有教育。教育是人类社会特有的现象，没有人就没有教育。人既是现实的存在，又是超越现实的存在。作为现实的存在，人是环境的产物；而作为超越现实的存在，人又以其主动的活动否定现实、改造现实。人以超越现实的理想去审视并引导自己的现实，从而把现存的现实变成为人的理想所要求的现实。这种变化的过程实际上也就是创新的过程。

创新教育，从时间的维度来审视，就是一个立足于现实并以现实为基础，指导年轻一代不断地构建未来的过程；而从空间的维度来审视，则是指导年轻一代面对现实的环境，以其主动的实践改造环境的过程。创新教育正在于通过批判性思维的教育理念，激发受教育者不断地进行自我反省，向人类已经获得的现成物或结论不断地提出新挑战，展现新的世界。人既是社会的创造物，也是人自己的创造物。人在创造社会的同时也在创造着自我。创新教育就是提升人自己所拥有的创造意识，培养他把创造意识变成现实的能力。

创新教育本质上是引导和激励学生不断超越与前进的教育。它包括超越遭遇的困难、障碍去获取新知；超越令人不满的现状去改造世界，建设新的生活环境；超越现实的自我状态，使自己的能力和修养得到提高。如果教师在教育教学过程中只能平庸地按常规、按教学参考书、按惯例行事，不能朝气蓬勃、满怀激情地引导学生对种种困难、障碍、现状发动冲击，进行探究、突破，实现超越，就不可能有进步与创新。要实现超越，不仅要不满足于客观现状，敢于改造客观世界，更重要的是要不满足于自我，完善自己的修养，提高自己的能力。要重视内因，重视内在的动力，促进学生自我认识、自我要求、自我教育、自我修养，使之自觉地树立理想自我的奋斗目标，顽强地超越现实自我，实现理想自我。

（2）主体性。主体性主要指独立自主、自我决定、能动性、自我意识或自觉、发挥个人的聪明才智、以个人的自由意志和才能为根据等。

无论从人类的发展历程，还是从个体的成长来看，都是通过主体与客体的对立，获得自我意识和主体性的发展。

人的主体性是在实践活动中不断发展与超越的历程，这一历程是在实践活动中完成的。人的主体性的发展也使人的实践活动具有了主体性的特征。实践活动的主体性特征表现为活动的自主性、能动性、计划性和创造性。教育作为有目的地培养人的社会实践活动，必然具有主体性的特征。从人的主体性的发展历程来看，促进人的主体性的发展也是教育活动的最根本的目的性追求。主体与客体的分离，就是主体自我超越的结果；主体与客体的分离也使得主体不断地超越客体，从而丰富和确证着人的主体性。人的主体性与超越性不可分离。教育的超越性必然具有主体性的特征。超越是主体的超越，是主体对客体以及主体对自我的超越。

人的超越性的培养，究其实质也即是人的主体性的发展。人脱离动物，获得主体性的发展过程，是一个漫长的过程。个体的成长与发展，个体主体意识和主体性的发展同样也需要后天的努力。教育激发人的超越意识的同时也在促进人的主体性的发展。

创新是"我思"的过程，也是"我思"的结果。"我思"就是"自我"对环境的"所予"进行新的组合，从而使主体的个性和独特性在对象上得以显现。所以创新是贯注着人的主体精神的自由自觉的活动。"我思"是一个主动的过程，所以创新是个体主动地追求的结果。

由此可见，创新教育应当在两个方面体现出创新的本质要求。一是充分发挥学生的主体精神。只有一个具有自我意识的个体才能够在社会生活的各个方面显现出创新的欲望。因为创新从本质上说是主体的自我开拓、自我发展、自我完善。二是培养学生的独立的个性。换一个角度来看，创新就是人的个性与独特性的张扬，是一个人不同于他人的主体精神的对象化与外化。在教育过程中，只有充分调动学生的主动性和积极性，才能够使学生的创新行为得以表现。创新教育不是任意地改造学生，而是引导学生主动参与，进行自主活动，在自主活动中自我完善。因此在创新教育中，应当确立学生是学习主体的教育观，要把学生当作一个完整的生命体，而不仅仅是认知主体。在教学过程中，应当把传授知识的过程变成为学生探究知识的过程，使学习具有探究性。

（3）开放性。创新从根本上说是人从新的视角、以新的方式、用新的综合展现出新的理想。因此创新就是以批判性思维去对待人们所面对的现实，揭示现实所蕴含的多种可能性。在创新教育的过程中，学生的主体精神力量要得以显现，个性独特性要得以外化，就需要有一个开放的教育。

创新教育的开放性就是在教育过程中始终把学生看作是处于不断发展过程中的学习主体，看作是一个身、心两方面处在不断构建、升华过程中的人，始终把教学过程当作是一个动态的、变化的、不断生成新质的过程。开放的教育过程需要创造一个高度自由的思维时间和实践空间，通过学习主体生动活泼、主动的自由活动，使其主体作用得以充分发挥。

为了创新，教育活动应注重生动活泼地联系学生的生活实际，联系社会生活的实际，联系当代世界社会、经济、科学技术和文化发展的实际。一方面要吸收有关的新信息、新知识，使教育内容反映学科的最新发展状况，并不断地使之充实与更新；另一方面要引导学生运用知识与实际，去说明、理解或解决各种具体问题，使学生从中获得丰富而实用的新知。学生学习上的开放，对创新具有重要意义。应当引导和鼓励学生突破课堂教学的局限，根据自己的兴趣与可能，通过课外阅读、参与课外活动来扩充知识、开阔视野，经受各种锻炼。

另外，学生身心发展的开放性和教学过程的开放性集中体现在教学活动过程中学生的自主性上。学生在课堂上的智力活动包括两个方面：一方面，是不断掌握人类知识的内化过程；另一方面，是通过自己的主动活动将已有的个性品质表现出来的外显过程。内化是外显的必要条件，外显行为取决其内化的程度。因此创新教育的开放性就是教师在学生内化知识的过程。这里是要强调三个方面：①科学结论的条件性，即教育者要力求使学生相信任何一种科学结论都是有条件的，一旦条件变化了，结论也会随之而变化；②开放式课堂讨论，即课堂教学应当努力创设一个让学生能积极主动参与教育教学过程，并乐于、敢于表现自己所知、所想、所能的民主氛围，以利于共同进行知识的发现、创造和分享；③求异的思维风格，即学生的思维活动应当既表现出一种批判性思维风格，也表现出一种发散性思维风格，前者是对既有的或传统的方式的否定，后者则是个体对新颖性和多样性的追求。

（4）批判性。批判是人类特有的活动方式，它包括观念形态的精神批判活动和物质形态的实践批判活动这两大批判形态或批判方式。其中物质形态的实践批判活动是精神批判活动的基础和前提。动物的活动只是出于满足生理需求维持生存的本能活动，动物的活动是自发的，只有生存上的意义。动物无条件地受制于自然，适应自然的状况，不会对自己的活动进行反思和批判，更不会去改造自然为自己所用。人的实践活动是能动性的、反思性的和批判性的活动，是合规律性与合目的性的活动。在实践活动中，人对自己的行为进行反思和批判，在反思和批判的基础上，不断地修正和改进自己的行为，及时总结经验和教训。正是实践活动的反思性和批判性，人类取得了一次次的重大发明，实现了以生产工具为基础的物质文明的巨大进步。

人类的反思和批判在精神批判活动中的表现更为明显，人类思想的发展史在一定意义上就是一部对前人的思想进行反思和批判的历史。这种反思和批判是人的思维活动的基本特征。

教育作为培养人的社会实践活动，正是借助人的这种反思和批判的思维方式实现创新和超越，教育活动必须通过反思和批判激发人的思考，发现问题，解决问题。教育不是简单地进行知识灌输，而更多的是激励思考。在教育过程中，教育者要对自己的教育活动进行反思，总结经验，提高自己的教育教学水平。受教育者也要对自己的学习活动进行反思和批判，改进学习策略。培养学生的反思和批判的思维习惯和创新能力也是教育的重要目标，是提高学生创造能力的前提。

反思包括两个方面：一是引起思维的怀疑、踌躇、困惑的状态；二是寻找、搜索和探索的活动，求得解决疑难、处理困惑的实际办法。总之，教育活动离不开反思和批判，这也是当前提倡反思性教育和创新教育的依据所在。

无论是实践批判活动，还是精神批判活动，在本质上而言都是对现存事物的否定之否定的过程。人类的反思和批判意识，使得人类永远不满足于现实的规定性，并超越于现实的规定性，对未来永远怀有梦想和期待。人类的这种反思和批判，成为人类超越的巨大动力，推动着人类永远向前迈进。

（5）实践性。实践是人们能动地改造和探索现实世界的一切社会的客观物质活动。实践是人的社会的、历史的、有目的、有意识的物质感性活动，是客观过程的高级形式，是人类社会发展的普遍基础和动力。全部人类的历史是由人们的实践活动构成的。

实践活动是人的最基本的活动，是人区别于物的最基本的存在方式。实践是人创造自己需要的生活资料，同时把自己创造为人的自我创造的活动，是一个自觉的以创造价值为目的的活动。人在自身活动中才能充分发挥人作为人而有的能动创造作用。实践是人的主观能动性的体现；实践是人的主观见之于客观的活动。无论是改造客观世界，还是改造主观世界都必须参加实践。

创新教育强调实践性具有多重的含义：①只有通过实践，创新的思想才能转化为现实；②只有通过不断实践，人的创新意识和能力才能得到培养；③实践为人们的创新提供必要的问题情境，因为任何一种有意识、有目的的行为，都发生于一定的环境之中，都是针对特定的问题。有问题要解决，人们才会千方百计地想办法，以满足自己解决问题的需要，以获得一个对于个体和社会都满意的行动结果。

创新教育的实践性体现，关键是在教育过程中呈现问题情境。人的发现、发明、创造是在不断地遇到现实问题中产生并形成的。

（6）活动性。创新教育除了具有实践性以外，还具有活动性。毕竟，以间接经验的学习为主的教育活动不可能完全在实践中完成，课堂教学永远具有不可替代的价值。人才培养质量必须以教学质量为基础，创新人才培养也必须以教学为主要途径。除了开展一定的实践教学以外，可以在教学过程中或者在课外生活中开展各种各样的活动，使学生在自己喜欢的活动中激发自己的创造热情。学生处于人生最美好的时光，他们充满理想，富于激情，热爱参与，敢于挑战。生活的表现形式就是各种各样的活动，生活对教育的决定性影响具体地表现为活动对人的素质发展所起的决定作用，在被动静听的活动中就形成服从、记忆的素质，在接连不断的考试测验中就形成了应试的素质，而只有在主动探索的活动中才能形成发现、创新的素质，只有在经常化的艺术活动中才能提升人的艺术修养。

每个人都在参加各种活动，但并不是所有的人都能够在活动中有所收获、有所创新，关键是活动的参与者能否通过活动引发思考，这就要求活动本身要有创造性，并有意识地引导和鼓励活动的参与者大胆创新。

（7）探究性。创新教育离不开对问题的探究。探究是一种学习方式，是相对于接受学习而言的。所谓"探究式学习"，就是在教学过程中创设一种类似科学研究的情境或途径，让学生在教师引导下，从学习、生活及社会生活中去选择和确定研究专题，用类似科学研究的方式，主动地去探索、发现和体验，同时，学会对信息进行收集、分析和判断，去获取知识、应用知识、解决问题，从而增强思考力和创造力，培养创新精神和实践能力。应当看到，在教学或教育活动中，如果没有对问题的探究，就不可能有学生主动积极地参与，不可能有学生的独立思考与相互之间思维的激烈碰撞而迸发出智慧的火花，学生的思维和能力也就得不到真正的磨炼与提高。因此，没有探究就不可能有创造性地学习与应用。应当鼓励学生独立思考、积极探索，提出独到的见解、设想和有独特的做法，完成富有个人特色的创造性作业，并注重让学生在探究的过程中，不仅开阔个人的知识视野，而且形成探究的兴趣、创新性思考和学习的能力以及人格和习惯。

（8）民主性。创新要求有民主的环境与氛围。学生感到宽松、融洽、愉快、自由、坦然，没有任何形式的压抑与强制，才能自由与自主地思考、探究，提出理论的假设，无顾忌地发表见解，大胆果断而自主地决策和实践，才有可能创新与超越。

在人才培养的理念上，民主体现的是师生之间平等、合作、开放的密切关系与和谐、共融、安全的精神氛围。民主化理念倡导在真理面前、学术面前人人平等，学生是学校的主人，提倡充分发展学生能力与个性。因此，民主是高校创新型人才培养不可或缺的土壤。

二、基于创新教育理念的体育教学方法实践

（一）从教学要素整体着眼，合理编排教学方法

基于创新教育理念的体育教学方法可以"为提高学生的学习效率、培养锻炼意识、有效促进身心协调发展奠定基础"[a]。教师根据并运用课程教材来使学生学习，从而实现教学的目的，这需要依靠一系列方法，所以方法是教学活动的一个重要因素，它包括教师在课内和课外所使用的各种教学方法、教学艺术、教学手段和各种教学组织形式。不管它们是具体的、显见的，还是潜移默化的。

体育教学方法受制约于课程内容，通过学生达到教学目的或教学效果。连接方法的两

---

a　霍军：《创新教育理念下体育教学方法应用研究》，载《体育科学研究》2014 年第 18 卷第 2 期，第 78-82 页。

端是教师和学生。

教学效果的评价主要是通过学生反映的，而方法只有作用于学生后才能产生效果。连接方法两端的主体还是教师和学生。影响教学效果的因素除了教师的传授水平、方法的执行情况，还有学生的内化、吸收、创新。也就说，教学方法两端的主体是决定方法实施效果的核心，二者的配合协调更是产生良好效果的关键。

教学方法的编排连接着教师和学生，教师的教学素质、水平、教学艺术、创新意识等都会影响着教学方法的选择和运用，更能影响着教学方法的改编和创新；同样，学生的身体素质基础、训练接受水平、技能掌握规律更是影响教学方法的实施效果。所以，教师不但要提高自身的教学水平，也要了解和掌握学生的接受水平和内化程度，两者通力合作才能做到"教学相长"，共同完成教学方法的创新、教学效果的提高。

（二）从实际情况入手，扩展体育教学方法

体育教学方法丰富多彩、形式各异，要想利用好体育教学方法必须从实际的教学条件考虑。场地的充裕程度、器材的配备、实施体育课的条件等都是选用体育教学方法必须考虑的因素。

由于城乡地域、经济条件等的差异，不可能所有中小学校的设备都一样，也不可能都能达到体育教学所需。在条件不允许的情况下，体育教学方法需要扩展和改进，使之更适合体育教学。当然，体育教学方法的扩展和改进只是手段，真正的目的是更好地适合体育课的需要，切实提高学生的健康体质，培养创新意识和锻炼创新能力。

扩展体育教学方法就是扩大某种教学方法的功能和应用范围，主要体现在教学的组织形式方面。如教学分组，以前都是按人数进行分组，但随着教学改革的深入，越来越多的体育教师认识到教学组织形式多种多样，于是出现了扩展，按兴趣分组、按伙伴朋友关系分组、按基础和水平分组、按性格分组等。

改进体育教学方法是在原有方法运用的基础上，教师经过总结，进而改进不足或导出新的教学方法。改进法其实在教学实践中经常用，如对组织形式的加工，对教学手段或工具的改良，等等。

（三）从教学效果出发，优选体育教学方法

体育课是按照完整的教学程序进行授课的，教学过程具有完整性和独立性。体育教学方法在整个教学过程中只是其中的一个要素而已，但它也是完成教学目标、实现教学任务最直接的途径和方式，体育教学效果取决于各个要素的通力协作，突出的是过程与结果的

关联。从教学效果考虑，合理选择、优化组合体育教学方法，利用系统论的理念，将"教"与"学"看成"动态系统"，将目标—方法—效果融入教学环境之中。这就要求体育教学方法在实施过程中应该"瞻前顾后"，既考虑教学目标、任务的完成，又考虑所起到的效果，强调学习的内在过程，创造好的教学环境充分调动学生时主观能动性。注重方法的组合和联合使用，追求方法的"合力"效果和功效，尤其是在教学方法设计时更要全盘考虑，拓宽视野、把握全局，真正做到教学方法的"一体化"效果。

优化组合是为了更好地实现目标，使各个方法的功效叠加起来发挥整体功效。组合本身就是对教学方法的创新，如把讲解法和示范法合起来，边讲解边示范，还可加上用讲解法进行启发；把分解法和完整法混合使用（跳高教学中，先分解传授起跳及过杆动作，再完整加上助跑和落地动作，最后对细节动作分解教学）。改造主要是针对实施手段、工具的加工和改编，一些传统的手段经过加工改造，既不影响实现目标的功能，又能引起学生的好奇心和求知欲，如用图片或录像把典型的动作模仿出来，让学生观看，既形象又逼真，免去了教师的纠错讲解，让学生自己发现问题，并寻求解决问题的办法，起到启发、探究的作用。

（四）从学生未来发展考虑，统整体育教学方法

体育课对学生未来发展的作用至关重要，中小学生的很多性格、价值观、人格都是在中小学阶段形成的。体育这个特殊的学科，再加上运动项目繁多，致使对学生的影响很大，不但影响到躯体和心理的健康，而且影响到人生观、价值观的形成。体育教学方法形式多样（有单个的，也有组合的，有为解决短期目标的，也有为长期发展考虑的），就其促进学生未来发展的角度考虑，对体育教学方法进行统整筛选，尤其对一些多种手段组合的教学法（如探究性教学法、合作性教学法、自主学习法等）要筛选和统整。一方面这些教学法对学生未来发展极为重要，要加强运用；另一方面这些教学法的使用不能太随意，也不能过度。教学方法是实现目标的途径，当然目标可能是单一的，但途径是多种多样的，多种多样的途径总有最省力、最直接的，这就是统整筛选的作用，没有体育教师的精心筛选，实现目标就会走弯路，教学效率就差。

三、创新教育理念下体育教学方法的反思与展望

（一）体育教学方法与其他教学要素协调配合

体育教学的效果取决于体育教学诸多要素构成的合力，不可能仅靠教学方法单因素的改革就能达到提高教学效果的目的。连接教学方法两端的是教师和学生，实施教学方法条

件的是媒介，这些都是影响教学效果的重要因素。

教学方法，主要受制约于课程，它是把课程的内容化为学生的知识、能力、思想、感情，为实现教学目的而服务。在教学的进程中，它必然也要受到教学环境客观条件的制约。方法是由教师来掌握的，因此，教师的教学能力水平、创新思维观念、创新意识和能力都决定了教学方法的创新，也决定了方法的实施效果。

体育教学需要多个因素的协调配合才能达到理想的效果。教学活动最基本的要素之间相互联系、相互制约。作为其中一个要素的体育教学方法连接着体育教师和学生，又受制于课程，这么核心的一个要素必须与其他要素相互配合、相互协调方可实现教学目标、完成教学任务，切实提高体育教学质量。

（二）体育教学方法的创新展望

体育教学方法肩负着实现教学目标、完成教学任务的使命，它的发展与创新时刻伴随着其他教学要素的变化，也必然影响着教学效果。体育教学方法的发展和创新给体育教学带来了无限的生机和活力，虽然当今实施的体育教学方法存有很多问题，但它的不断完善势必会促进体育教学的改革。随着体育教学形式的多样化，体育教学方法呈现出现代化、心理学化、个性化的发展趋势。

1. 体育教学方法现代化。体育教学方法现代化是随着现代教学技术的发展而呈现的。多媒体、高清录像、网络、形象化的挂图、器材的科技化等都是完善教学方法的手段和工具。这些不但丰富了体育教学形式，而且对技术动作学习起到很大的辅助作用。

2. 体育教学方法心理学化。体育学习过程就是心理过程，知识技能的提高更是个高度复杂的心理过程。对技术动作的分析不仅仅只停留在学习或训练方面，更多是从心理变化入手。如体育课的开始部分，创设活泼的情境激发学生的兴趣和积极性；基本部分关注学生练习动作的表现及时分析心理原因；结束部分选放一些舒缓、柔和的音乐，实施放松。

3. 体育教学方法个性化。教学是师生共同完成的，学生是主体，起到内因作用。要取得好的教学效果，发挥学生的积极性，实施因材施教是必不可少的。现代体育教学体现了区别对待，尊重学生，进行民主教学。以讲解、示范、纠错为主的教学方法也变成了以探究、自主、小群体为主的形式。

4. 体育教学理念注重学生为本。体育教学方法的改革也应树立全新的教育理念，更加关注学生的主体性、全体性、社会性、创新性等。

（1）关注学生的主体性、全体性。培养学生的学习主动性、能动性和创造性成为教学普遍追求的一种趋势，体育教学也不例外。体育思想实现了由"体育手段论"向"运动目的论"的转变，教学方法设计的重点由"教法"向"学法"的转变，教学方式由"教授"向"指导"的转变等。接受全体性教育是每个学生的"权利"，不让每一个学生"掉队"是教师的应有责任。体育教学方法的设计和应用越来越重视对不同水平学生的区别对待，让每个学生都能体验到成功和喜悦的乐趣，确保全体学生都能得到提高和发展。

（2）关注学生的社会性。体育教学是培养学生合作、竞争、正义、奉献等社会美德的有效途径。体育教学方法的创设恰恰能给学生提供这样的条件和机会，如合作性学习、群体讨论法、辅导帮助法、榜样激励法等，不但能培养学生团队精神、集体意识，而且能起到乐于助人、规范行为、友善交往的作用。

（3）关注学生的创新性。培养学生的创新性成为教育的神圣使命。体育教学同样要善于挖掘学生的创新潜质，培养创新意识和创造力，如技术动作创新、规则创新、组织形式创新、学习方式创新等。体育教师要允许学生走"探索的弯路"，多激发学生的求知欲、好奇心、创新思维，多给予友善的鼓励和指导，多给学生提供创新的机会和环境。

参考文献

[1] 赵涵颖.终身体育视域下我国大学体育教学改革分析 [J]. 现代职业教育，2022（22）：115–117.

[2] 刘义红.高中体育教学中终身体育意识的培养策略 [J]. 田径，2022（06）：68–69.

[3] 姜迪.高校体育教学中培养学生创新能力方法的研究 [J]. 南京体育学院学报（社会科学版），2006，20（3）：85–87.

[4] 周庆瑛.体育教学新课程标准下的教学理念与教学方法的创新 [J]. 南京体育学院学报（社会科学版），2004，18（4）：121–123.

[5] 黄长城.体育教学中培养学生创新能力的方法学探讨 [J]. 南京体育学院学报（社会科学版），2004，18（4）：124–126.

[6] 戴建波.高校体育教学管理系统的特征与方法的研究 [J]. 武汉体育学院学报，2004，38（3）：163–164.

[7] 曾健.体育教学形成性评价实施方法研究 [J]. 中国教育学刊，2015（1）：84–87.

[8] 代加雷.以人为本的体育教学方法探究 [J]. 教学与管理（理论版），2007（8）：155–156.

[9] 梁子军.改革体育教学方法与内容的理论探讨 [J]. 体育文化导刊，2003（3）：49–50.

[10] 刘春萍.新课程标准下体育教学方法创新的思考与实践 [J]. 辽宁教育研究，2005（6）：95–96.

[11] 张继生，杨麟.高校体育教学评价的现状及改进方法 [J]. 武汉体育学院学报，2006，40（5）：106–108.

[12] 张智颖.试论体育教学最优化实施调控的方法 [J]. 教育与职业，2006（12）：123–124.

[13] 李文杰，周庆丰.体育课分层次教学的方法研究 [J]. 武汉体育学院学报，2003，37（6）：127–129.

[14] 张瑞林.论体育管理教学中的案例教学方法 [J]. 体育科学，2003，23（6）：44–48.

[15] 朱荣军.高校体育教学方法的改革途径探索：评《体育教学方法理论与研究案例》[J]. 中国教育学刊，2017（5）：7.

[16] 卢大学，张雅玲，郝文亭.体育教学中创新教育方法研究 [J]. 广州体育学院学报，2003，23（2）：110–112.

[17] 徐铖.体育教学中贯穿体育文化教育的方法 [J]. 大家，2010（13）：271–272.

[18] 蒋米雪.基于创新教育理念下体育教学方法的实施 [J].冰雪体育创新研究，2022（08）：134-136.

[19] 房辉.刍议体育微课在高校体育教学中的运用 [J].当代体育科技，2022，12（01）：61-63.

[20] 何茂贵，罗立杰.体育微课的新思考 [J].运动精品，2021，40（11）：19-21.

[21] 王龙龙.基于创新教育理念的高校体育教学方法的理论与实践探究 [J].青少年体育，2020（02）：100-101.

[22] 戴建辉.高校体育微课设计、开发与应用研究 [J].体育世界（学术版），2017（05）：165-166.

[23] 肖威，肖博文.体育类微课设计流程与制作方法 [J].体育学刊，2017，24（02）：102-108.

[24] 邱伯聪.体育微课的质性、制作与建议 [J].教学与管理，2015（34）：57-59.

[25] 霍军，苏朋.创新教育理念下体育教学方法应用研究 [J].体育科学研究，2014，18（02）：78-82.

[26] 王一鸣.基于创业教育理论的体育专业本科生教学方法分类体系构建 [D].长春：吉林大学，2016：13-15，34-47.

[27] 毛振明.体育教学内容的分类方法 [J].体育学刊，2002（06）：8.

[28] 王保成.学校体育教学内容的层次与选择 [J].首都体育学院学报，2004（03）：22.

[29] 朱军，王丽芳，丁哲.体育院校创新创业教育体系构建研究 [J].当代体育科技，2016，6（13）：60.

[30] 张昌龙.当前我国高校体育慕课交互设计与运行中的问题和对策研究 [D].南京：南京师范大学，2020：16-24.

[31] 李锡庆.体育翻转课堂导案的理论分析与设计研究 [D].太原：山西大学，2020：3，14-39.

[32] 刘畅.体育教学中翻转课堂应用的理论研究 [D].哈尔滨：哈尔滨体育学院，2019：12-17，28-30.

[33] 许颖珊.由高校体育慕课引发的教学模式思考 [J].拳击与格斗，2021（4）：7.

[34] 李芳，尹龙，沈焯领.挑战与机遇：慕课对大学体育教学的启示 [J].体育科研，2015，36（05）：102.

[35] 王国亮，詹建国.翻转课堂引入体育教学的价值及实施策略研究 [J].北京体育大学学报，2016，39（02）：104.

[36] 许丽.高校体育教学中翻转课堂教学模式应用研究 [J].高教学刊，2020（30）：101.